rowohlts monographien
begründet von Kurt Kusenberg
herausgegeben von
Beate Kusenberg und Klaus Schröter

Dschingis Khan

**mit Selbstzeugnissen
und Bilddokumenten
dargestellt von
Reinhold Neumann-Hoditz**

Rowohlt

Dieser Band wurde eigens für «rowohlts monographien» geschrieben
Den Anhang besorgte der Autor
Herausgeber: Beate Kusenberg und Klaus Schröter
Assistenz: Erika Ahlers
Schlußredaktion: K. A. Eberle
Umschlagentwurf: Werner Rebhuhn
Vorderseite: Dschingis Khan als chinesischer Staatsmann.
Eines der Kaiserbilder der mongolischen Yüan-Dynastie.
Historisches Museum Peking
Rückseite: Mongolenhorde im Angriff. Aus einer Handschrift des
14. Jahrhunderts. Staatsbibliothek Preußischer Kulturbesitz Berlin

Veröffentlicht im Rowohlt Taschenbuch Verlag GmbH,
Reinbek bei Hamburg, Oktober 1985
Copyright © 1985 by Rowohlt Taschenbuch Verlag GmbH,
Reinbek bei Hamburg
Alle Rechte an dieser Ausgabe vorbehalten
Satz Times (Linotron 202)
Gesamtherstellung Clausen & Bosse, Leck
Printed in Germany
980-ISBN 3 499 50345 X

Inhalt

九大祖

Dschingis Khan als Mann des Krieges. Chinesische Miniatur

Meinungsstreit

«Apotheose des Krieges» nannte Wassilij Wereschtschagin sein Bild, das den Besucher der Moskauer Tretjakow-Galerie fesselt. Es zeigt, verloren in mittelasiatischer Wüstenei, eine Pyramide, aufgehäuft aus gebleichten Totenschädeln. Der Schlachtenmaler, der die Schrecken des Krieges realistisch und anklagend beschrieb, widmete seine Darstellung «allen großen Eroberern der Vergangenheit, der Gegenwart und der Zukunft». Beziehungsreiche Worte, makabere Prophetie! Der Künstler, ein russischer Patriot, dachte zunächst an jene Invasoren aus dem Osten, die einst die zivilisierte Welt bedrohten und nicht nur Rußland unterjochten.[1]*

Als unbarmherziger Eroberer und Geißel Gottes ist der Mongole Dschingis Khan gemeinhin in die Geschichte eingegangen. Er wird als ein Despot beschrieben, der aus Lust an der Vernichtung anderer sein Reich begründete, dessen weltgeschichtliche Bedeutung sich darin erschöpfte, seinen Herrschaftsbereich immer weiter auszudehnen. Das historische, schwer überwindbare Trauma der Russen, die zweihundertjährige Unterjochung durch die Mongolen (Tatarenjoch), geht auf den Begründer dieses Reiches zurück, das sich später – unter Dschingis Khans Nachfolgern ins Unermeßliche erweitert – vom Stillen Ozean bis an den Dnjepr und hinunter bis zum Persischen Golf erstreckte. Visionen des Schreckens, die sich mit dem Mongolensturm verbanden, erstanden vor allem auch aus den Berichten muslimischer und christlicher Chronisten.

Es waren die Chinesen, die, in einer Bilanz ihrer eigenen Erfahrungen mit den Invasoren, zu einer im Ganzen positiven Bewertung ihrer Berührung mit den Mongolen gelangten: Durch Tataren und Mongolen, die jahrhundertelang immer wieder in China einfielen – so heißt es in der republikanischen Geschichtsschreibung –, sei dem chinesischen Volkskörper frisches Blut zugeflossen. «Am Ende der mongolischen Herrschaft war – gestärkt durch kulturelle und rassische Merkmale der Eindringlinge aus dem Norden – eine neue chinesische Nation sichtbar geworden.»[2]

Was aber halten die Mongolen der Gegenwart von dem Helden ihrer denkwürdigen Vergangenheit? Eindeutig ist diese Frage nicht zu beant-

---

* Die hochgestellten Ziffern verweisen auf die Anmerkungen S. 127 f.

worten, denn Dschingis Khan hat nicht nur die Phantasie der Dichter beflügelt und die Historiker beschäftigt, das Wirken des «ozeangleichen» Herrschers hat auch die Ideologen auf den Plan gerufen; und im Meinungsstreit der Kommunisten, die das mongolische Volk regieren, verwischen sich die Konturen der Geschichte.

Die drei Millionen Mongolen, die es heute gibt, wohnen nämlich nicht unter einem Dach. Der kleinere Teil lebt in einem Nationalstaat, in der Mongolischen Volksrepublik, Äußeren Mongolei. Das ist ein Pufferstaat, zwischen der Sowjetunion und der Volksrepublik China gelegen, der sich aus Tradition den Russen verbunden fühlt, und der die sowjetische Politik unterstützt. Der größere Teil lebt im chinesischen Herrschaftsbereich, im Autonomen Gebiet Innere Mongolei. Dort genießen die Mongolen eine kulturelle Sonderstellung. Dennoch hat die Minderheitenpolitik der Pekinger Zentralregierung, vor allem der Zustrom chinesischer Siedler, immer wieder zu Auseinandersetzungen zwischen den Bevölkerungsgruppen geführt. In der Inneren Mongolei sind die Mongolen neben den Chinesen und anderen Nationalitäten nur eine Minderheit.

Es kam zu einer historisch-aktuellen Kontroverse, die mit dieser konträren politischen Einordnung zusammenhängt. Sie zeugt vom Kräftespiel, vom ideologischen Schisma der Russen und Chinesen, die auf

«Allen großen Eroberern gewidmet». Gemälde von Wassilij Wereschtschagin

Historische Landschaft im Norden der Mongolei

unterschiedliche Weise um «ihre» Mongolen werben, und sie spiegelt das Dilemma wider, in dem sich nationalbewußte Erben Dschingis Khans befinden können.

Am 31. Mai 1962 versammelten sich in Deliün-boldaq am Fluß Onon Repräsentanten der Revolutionären Volkspartei, der Staatspartei in der Mongolischen Volksrepublik, und der Bevölkerung. Sie kamen zusammen, um Dschingis Khan, der 800 Jahre zuvor in diesem Gebiet geboren wurde, als «Begründer des mongolischen Nationalstaates» zu ehren. Es wurde ein Denkmal enthüllt. Zur gleichen Zeit feierten Mongolen und Chinesen der Inneren Mongolei den Geburtstag. Dreißigtausend Menschen strömten an der Weihestätte von Edschen Choro, wo Überreste des Nationalhelden bestattet sein sollen, zu einer Kundgebung zusammen.[3]
    Doch auch die Russen übersahen das Jubiläum nicht. Historiker und Mongolei-Experten wie Iwan Maiskij, als Botschafter in London bekannt geworden, bekräftigten die sowjetische Kritik an Dschingis Khans Militärstaat. Sie bezeichneten den Heerführer als einen feudalen Reaktionär, der letztlich die Interessen auch des eigenen Volkes mißachtet habe.[4] Das Stichwort war gegeben. Die mongolische Parteiführung beeilte sich, den

9

Eindruck zu korrigieren, der durch die Geburtstagsfeier am Onon entstanden war.

Am 10. September 1962 verurteilte das Zentralkomitee der Revolutionären Volkspartei in Ulan-Bator, der Hauptstadt der Mongolischen Volksrepublik, die «unmarxistischen, nihilistischen, parteifeindlichen» Ansichten und Handlungen des führenden Funktionärs Daramyn Temür-Otschir. Das umfangreiche Sündenregister[5] enthielt auch den massiven Vorwurf der nationalistischen Abweichung von der Parteilinie. «Ünen» (Die Wahrheit), das Blatt der Partei, schrieb: «D. Temür-Otschir unterstützte die nationalistischen Bestrebungen, die darauf abzielten, die Rolle Dschingis Khans in der mongolischen Geschichte aufzuwerten und zu idealisieren, seine reaktionäre Rolle dagegen herunterzuspielen. Er setzte sich mit Eifer dafür ein, daß der 800. Geburtstag Dschingis Khans pomphaft gefeiert wurde. Bekanntlich hat Dschingis Khan in der Anfangsperiode, als es darum ging, einen einheitlichen mongolischen Staat zu schaffen, eine positive Rolle gespielt, indem er sich bemühte, die einzelnen voneinander getrennten mongolischen Stämme zusammenzuschließen. Sein gesamtes ferneres Wirken war jedoch äußerst reaktionär und darauf gerichtet, sich fremder Länder zu bemächtigen. Er betrieb die Massenvernichtung der Völker der versklavten Länder und zerstörte die materiellen und kulturellen Werte, die sie geschaffen hatten. Die räuberischen Kriege Dschingis Khans führten schließlich zum Verfall der produktiven Kräfte der Mongolei selbst und brachten dem mongolischen Volk ungeheuere Leiden. Wer das reaktionäre Wesen von Dschingis Khans Tätigkeit leugnet oder es gering einstuft, weicht tatsächlich von den grundsätzlichen Positionen der Partei ab und ermuntert den Nationalismus.»[6]

Temür-Otschir wurde aus dem Politbüro und aus dem Zentralkomitee der Partei ausgestoßen und verlor auch seinen Posten als Direktor des Instituts für Parteigeschichte.

Auf die chinesischen Ehrungen Dschingis Khans ging die mongolische Parteizeitung nicht ein. Im Konflikt zwischen Moskau und Peking hielten sich die Mongolen zunächst lieber zurück. In der sowjetischen Polemik gegen die Chinesen spielte der Meinungsstreit um Dschingis Khan dagegen immer wieder eine Rolle. Den Vorwurf des Nationalismus, ja sogar des Rassismus, richtete Leonid Iljitschow, Parteisekretär für Agitation und Propaganda, im Juni 1964 an die Adresse Pekings. Er sagte: «In China wird versucht, die wissenschaftliche Beurteilung und Charakterisierung einiger historischer Ereignisse zu revidieren. Zum Beispiel loben die chinesischen Historiker in der letzten Zeit die blutigen und verheerenden Feldzüge Dschingis Khans. Warum gibt man denn in China auf die Fragen der mongolischen und der mandschurischen Herrschaft eine neue Auskunft, warum wird gerade jetzt beharrlich die rassische und staatliche Einheit der mongolischen, mandschurischen und der Han-Nation hervor-

Mongole des klassischen Chalcha-Typs

gehoben? Offensichtlich ist auch hier alles der Konjunktur, den Aufgaben der gegenwärtigen Innen- und Außenpolitik untergeordnet ... Wir haben es hier mit nicht mehr und nicht weniger als weitgesteckten territorialen Ansprüchen zu tun.»[7]

Chinesen, seien sie Kommunisten oder nicht, lassen sich durch solche Attacken schwerlich beirren. Jahre später präzisierte der Pekinger Histo-

Auf der Seidenstraße: Der uralte transasiatische Karawanenweg wurde durch den Mongolensturm wiederbelebt

riker Qiu Shusen den offiziellen Standpunkt und revidierte damit zugleich die Abweichung der kulturrevolutionären Roten Garden. Der Wissenschaftler begrüßte den politischen Einfluß Dschingis Khans auf die Geschichte Chinas. Mit der Einigung der rivalisierenden Mongolenstämme habe Dschingis Khan indirekt dazu beigetragen, das zersplitterte chinesische Reich zusammenzuschließen. Die Eroberung Chinas durch die Mongolen könne – im Gegensatz zu den Aggressions- und Expansionskriegen Dschingis Khans gegen das Ausland – in die Tradition der Kriege unter «chinesischen Nationalitäten» eingereiht werden. China betrachte die Mongolen als eines der Völker, die die chinesische Nation bildeten, und folglich sei Dschingis Khan das Oberhaupt einer «chinesischen Minderheit» gewesen.[8]

Bei so viel Gerangel im Osten vermittelt uns die neuere Dschingis Khan-Forschung im Westen ein wohltuend sachliches Bild.

Mit unseren Maßstäben der Gegenwart, betonen westliche Mongolisten, darf der Eroberer keinesfalls gemessen werden: Er gehorchte dem Urgesetz der Steppe, dem Gesetz des ewigen Kampfes zwischen Nomaden und seßhaften Kulturvölkern. Dschingis Khan suchte zwar Anlässe zum Krieg, aber er wurde auch provoziert und schlug grausam zurück. Widerstand brach er mit allen Mitteln, doch schonte er jene, die sich freiwillig unterwarfen. Dschingis Khans Wirken ging über den militärischen Bereich hinaus; der Feldherr war zugleich ein guter Organisator. Der Herrscher war zeitlebens Analphabet, dem Nomaden blieben die Kulturen der unterjochten Völker fremd; doch respektierte er Wissen und Gelehrsamkeit, suchte von gebildeten Menschen zu lernen und setzte sie für seine Zwecke ein. Vernichtet wurde das, was nicht von Nutzen schien. Die mongolischen Stämme hatten keine eigene Schrift; Befehle, Botschaften, Anordnungen wurden mündlich erteilt und mündlich weitergegeben. Doch Dschingis Khan begriff die Bedeutung der Schrift für einen Staat; er ordnete an, daß die Schrift der türkischen Uiguren benutzt werden sollte.

Terror und Zerstörung auf der einen Seite, Weltoffenheit und Toleranz in Glaubensfragen auf der anderen: Im Zuge der blutigen Invasionen Dschingis Khans und seiner Nachfolger wurden tatsächlich Barrieren niedergerissen, die der Begegnung vieler verschiedenartiger Völker und ihrem Austausch auf materiellem und kulturellem Gebiet entgegenstanden. In dem «Jahrhundert der Mongolen», das auf Dschingis Khan folgte, blühte der transkontinentale Handel, waren die Karawanenwege sicherer und häufiger begangen als zuvor. Es kam zu persönlichen Kontakten zwischen Ost und West – Marco Polo war nicht allein –, die der geistigen Verständigung dienten. Danach erstarrte der ferne asiatische Osten von neuem. China, das Reich der (kulturellen) Mitte, war sich selbst genug und kapselte sich ab. Die Einheit Eurasiens, die Dschingis Khan initiierte, zerbrach; gängige Landverbindungen gerieten in Vergessenheit. Es waren dann die Europäer, die, nun über die Meere hinweg, die Welt und ihre Märkte eroberten.

Die Geheime Geschichte

Dschingis Khan war tot; Ogodai (Ügedai – vgl. den Hinweis auf S. 126), der dritte Sohn des Reichsgründers, hatte als Großkhan die Nachfolge angetreten. Das war ein intelligenter Herrscher, dem nicht nur die Erweiterung, sondern auch die Festigung des Übernommenen, die Kontinuität, am Herzen lagen. Er machte Karakorum, das Zentrum des Reiches inmitten der grenzenlosen Steppe, zu einer befestigten Hauptstadt, indem er den alten Umladeplatz der Karawanen mit einer Mauer umgab, einen prächtigen Palast und andere Gebäude errichtete. Ogodai vervollkommnete, nach chinesischem Muster, die Verwaltung des Militärstaates. Er richtete, mit chinesischen, uigurischen und persischen Schreibern, eine zentralisierte Kanzlei ein. Er gab, als er sein Ende nahen fühlte, den Auftrag, die Geschichte der Mongolen, die Stammesgeschichte der Ahnen Dschingis Khans, die Regierungszeit des Vaters und seiner selbst darzustellen. Diese Niederschrift «Ursprung der Herrscher» entstand 1240. Sie ist trotz ihres epischen Charakters (war nicht auch Herodot ein geschichteerzählender Künstler?) die wertvollste Quelle für die Familiengeschichte und die frühen Jahre des Dschingis Khan, auf die sich jede Biographie des Mongolen stützt. Das gesamte, in den folgenden Jahren ergänzte Werk war für das Herrscherhaus, für die Regierenden bestimmt und nicht allgemein zugänglich. Daher ist es als «Die Geheime Geschichte der Mongolen»[9] in die Geschichtsliteratur des Ostens eingegangen. Die Geheimnisse dieser Geheimen Geschichte und die verschlungenen Wege ihrer Entdeckung sollen hier nachgezeichnet werden.

Zu Beginn des 14. Jahrhunderts arbeitete Raschid ad-Din, der jüdische Wesir und Geschichtsschreiber am Hof der Mongolen-Khane, die über Persien herrschten (Ilkhane), an einer Chronik der Mongolen. Die Khane persönlich favorisierten das Projekt. Dennoch durfte der Gelehrte, ein berühmter Universalhistoriker seiner Zeit (geb. um 1247, gest. 1318), die Geheime Geschichte nicht einsehen, worüber er sich beklagte. Wichtige Informationen über Dschingis Khan und seinen Weg zur Macht wurden Raschid ad-Din nur mündlich übermittelt. Sie waren zudem gefiltert, und als Historiker des Hofes hatte sich Raschid ad-Din wohl oder übel an die ihm auferlegten Tabus zu halten.[10]

Vergleicht man Raschids offizielle Geschichtsbetrachtung mit der – un-

Karakorum. Die alte Hauptstadt ist versunken. Wo Großkhane einst ihre Feldzüge planten, entstand Ende des 16. Jahrhunderts das buddhistische Kloster Erdeni Dsu

zensierten – Geheimen Geschichte, so wird deutlich, warum letztere der Öffentlichkeit verborgen bleiben sollte. Der Hofhistoriker verschweigt Episoden, die dem Ansehen Dschingis Khans schaden, oder er stellt sie, wenig glaubwürdig, in einem für den Herrscher positiven Sinne dar; Niederlagen Dschingis Khans werden gelegentlich in Siege umgemünzt. Auch in der Geheimen Geschichte werden die militärischen Erfolge Dschingis Khans, seiner Gefolgschaft und des mongolischen Heeres gebührend gewürdigt; gewissen unrühmlichen Tatbeständen im Leben des Eroberers weicht der Autor jedoch nicht aus. So ist die Geheime Geschichte die einzige Quelle, die über den Mord berichtet, den Temudschin (der spätere Dschingis Khan) in früher Jugend zusammen mit seinem Bruder Chasar an ihrem Stiefbruder Bekter beging (vgl. Kapitel «Temudschins Jugend»). Folgenschwere Entscheidungen werden nicht nur der Entschlußkraft des Herrschers, sondern auch dem Einfluß seiner Umgebung zugeschrieben.[11]

Die Niederschrift des Werkes, so heißt es am Schluß der Geheimen Geschichte, wurde im siebenten Monat des Rattenjahres (1240) beim Großen Reichstag am Fluß Kerulen beendet. Sein Verfasser, ein meisterhafter Erzähler, ist unbekannt geblieben. Er hat sich, das kann als gesichert gelten, auf Angaben gestützt, die seinen Informanten frisch im Gedächtnis geblieben waren. Denn auf solchen Reichstagen (Quriltai) kam das Volk, kamen die Veteranen zusammen. Da wurde Rühmliches und Betrübliches zusammengetragen und weitergegeben. Natürlich wußte der Autor, der seinen Bericht auf mongolisch niederschrieb, daß

15

Erich Haenisch. 1936 auf einer Expedition im Altai

die Worte, die er seinen Helden in den Mund legte, wahrscheinlich so nicht gesprochen wurden, daß die bildhaft ausgeschmückten Ereignisse, die er spannend zu schildern versteht, ganz genau so nicht stattgefunden haben. Doch an der inneren Wahrhaftigkeit des auf epische Art Dargestellten, dramatisch Hervorgehobenen ist nicht zu zweifeln. Mehr noch: «Dieses Buch», sagte Elias Canetti, «ist viel echter und verläßlicher als irgendwelche Annalen.»

Bald darauf wurde die «Geheime Geschichte der Mongolen» wirklich geheim, denn der Text versank Jahrhunderte hindurch in den Archiven der Mongolen und der Chinesen, die 1368 die mongolische Yüan-Dynastie aus China vertrieben hatten. Im Westen wie im Osten verblaßte die Erinnerung an die weltgeschichtliche Rolle, die Dschingis Khan und die Mongolen gespielt hatten. Man vergaß auch, daß die Geheime Geschichte im Wortlaut in die chinesische Enzyklopädie aufgenommen worden war, die der Ming-Kaiser Yung-lo Anfang des 15. Jahrhunderts in

Auftrag gegeben hatte. Die wenigen erhaltenen Fragmente enthielten den mongolischen Wortlaut allerdings nicht in der mongolischen Schrift, sondern in Umschreibung durch chinesische Zeichen. Diese gaben den reinen Wortlaut, nicht aber seine Bedeutung wieder und waren so für den Nichtmongolen unverständlich. Eine fortlaufende Erläuterung neben den einzelnen Wörtern vermittelte nur knappe Inhaltsangaben.

Erst 1847 kam ein anonym gebliebener Chinese auf die Idee, diese chinesischen Worterklärungen unter dem Titel «Die Geheime Geschichte der Yüan-Dynastie» als geschlossenen Text zu drucken. Damit begann die Neuentdeckung des seltenen Werkes, um die sich der Russe Palladij Kafarow (Palladius), ein Vertreter der russisch-orthodoxen Kirche in Peking, der chinesische Gelehrte Ye Te-Hui und der französische Sinologe Paul Pelliot verdient gemacht haben. Aber erst in den dreißiger Jahren des 20. Jahrhunderts wurde der mongolische Urtext wiederhergestellt. Diese große Aufgabe bewältigte der deutsche Gelehrte Erich Haenisch, damals Ordinarius für Sinologie an der Universität Berlin. Haenisch ist es ebenfalls zu verdanken, daß seit 1941 die Geheime Geschichte in einer deutschen Übersetzung vorliegt.[12] Auch die mongolischen Wissenschaftler haben an der Erschließung der chinesischen Fassung ihres ältesten literarischen Denkmals mitgewirkt. In der Mongolischen Volksrepublik wurde zudem ein Geschichtswerk entdeckt, das Mitte des 17. Jahrhunderts entstand und mehr als zwei Drittel des Wortlauts der mongolischen Fassung der Geheimen Geschichte enthielt. Damals also waren der Originaltext oder eine Abschrift noch vorhanden. Heute jedoch sind sie verschollen.

Göttliche Abstammung

Unfrieden herrschte ostwärts des Altai. Die Stämme und Völker, die das mongolische Kernland bewohnten, Türken die einen, Mongolen, Mandschu oder Tungusen die anderen, vermischt die meisten, lagen in dauernder Fehde. Kirgisen und Uiguren waren zurückgedrängt. Die Naiman, mongolisierte Türken, hatten in der westlichen Mongolei die Vorherrschaft angetreten. Östlich der Naiman, dort, wo die Hochsteppe in die Wüste Gobi übergeht, lebten die Kere'it, Türken oder Mongolen, ein Volk ungeklärten Ursprungs, Feinde der Naiman, von denen sie einst vertrieben worden waren. Rivalität bestand zwischen den Kere'it und den Tatar. Beide Völker strebten im Osten des mongolischen Territoriums nach der Hegemonie. Die Tatar des 12. Jahrhunderts, sie nomadisierten südlich des Kerulen, zählten zu den wildesten, kriegerischsten Völkern der Region und galten, wegen der Silbervorkommen auf ihrem Gebiet, als der reichste Stammesverband. Sie waren Nachbarn der eigentlichen Mongolen und wahrscheinlich mit diesen verwandt, nicht aber mit den Türken, wie man aus ihrem Namen schließen könnte.

Die Europäer, bedrängt aus dem fernen asiatischen Osten, haben zwischen Mongolen und Tataren nicht unterschieden (Mongolenjoch = Tatarenjoch). Diesen Hirten der Steppe standen die Fischer und Jäger der Wälder, wie die Merkit oder die Oirat südlich und östlich des Baikal-Sees gegenüber. Doch die Grenzen zwischen den Wald- und den Hirtenvölkern waren fließend.

Die Altmongolen (Manghol) im historischen und engen Sinne des Wortes, aus deren Mitte Dschingis Khan geboren wurde, waren, wie die Tatar, im Osten des mongolischen Kernlandes zu Hause. Sie nomadisierten zwischen den Flußsystemen des Orchon, Onon und Kerulen und zerfielen in zahlreiche voneinander unabhängige Stämme (Ulus = Befehlsbereich). Ohne ein gemeinsames Oberhaupt lebte jeder Stamm allein oder zu zweit; sie führten ständig Krieg miteinander oder waren verfeindet. Einigungsversuche hatte es schon gegeben, doch erst Dschingis Khan gelang es, die Viehzüchter-, Jäger- und Fischerklans, Unterklans und Familien der Manghol und dann die turkomongolischen Stämme und Völker insgesamt zusammenzuschließen. Den Getreideanbau kannten die Manghol nicht. Die Notwendigkeit, für die großen Herden Futter zu beschaffen,

Mongolen unterwegs. Nach Wilhelm von Rubruks «Reise in das Innere Asiens» ...

... und Marco Polos «Wundern der Welt»

Hirschkuh

Ordos-Bronzen, 5. bis 2. Jahrh. v. Chr.
Wolf mit Steinbockgehörn

zwang die Viehzüchter und Hirten, auf der Suche nach guten, reichen Weideplätzen von Ort zu Ort zu ziehen. Die Nomaden der Steppe lebten in runden Filzzelten (Ger oder Jurte), die bei den Wanderungen auf ochsenbespannte Karren montiert wurden. Während des Umherziehens ging das Leben in den Zeltwagen weiter. Die Frauen machten in ihnen Feuer und bereiteten das Essen. Der Rauch entwich durch eine Öffnung im Dach. Von weitem schien es, als ob sich eine ganze Stadt bewege. Allmählich kam bei den zusammenlebenden Sippen (Horden) das Privateigentum an Vieh und Weideplätzen auf. Es entstand eine Aristokratie, deren Führer die Titel Ba'atur (Ritter) oder Noyon (Edler = Häuptling) trugen. Sie befehligten die anderen gesellschaftlichen Klassen, die Krieger, das gemeine Volk und die Sklaven. Zu diesen zählten auch besiegte Stämme, deren Mitglieder nun als Leibeigene der Sieger deren Herden versorgten oder ihnen als Hilfstruppen dienten. Temudschins Vater Jesügei war ein solcher Ritter.

Unterschiedlich war die Kulturstufe der genannten Völker. Während die Manghol uneingeschränkt dem Schamanismus[13] huldigten (den der Buddhismus später in den Hintergrund drängte), haben sich viele Naiman und die Kere'it, Völker des mongolischen Westens, zum Christentum der Nestorianer[14] bekannt, die im frühen Mittelalter in Zentralasien missionierten. Zwischen dem Westen der Mongolei und dem Osten des Landes hat es seit je Unterschiede und Gegensätze gegeben. Der Osten fühlte sich dem Westen überlegen, denn im Westen, Hochburg der alten mongolischen Sitten, war Stillstand und Beharrung. Im Osten dagegen gab es stets Bewegung, zersetzende Einflüsse innerhalb der feudalen Autoritätsstruktur. Von dort kamen die Väter der mongolischen Revolution des 20. Jahrhunderts, welche die alte Ordnung stürzte.[15] Auch Dschingis Khan war ein Mann des Ostens, einer, der entschlossen vorwärtsschritt, ein Mann der Tatkraft und Aktion. Er gab den Stämmen seines Volkes Einigkeit und Sicherheit, nach der sich die Menschen sehnten, ehe er die östliche Welt mit Krieg überzog.

Die Geheime Geschichte der Mongolen beginnt mit dieser Legende: «Der Urahn Dschingis Khans war ein vom hohen Himmel erzeugter, schicksalerkorener grauer Wolf. Seine Gattin war eine weiße Hirschkuh. Sie kamen über den Tengis-See, und an der Quelle des Onon-Flusses beim Berg Burhan Chaldun wählten sie ihren Lagerplatz, wo ihnen ein Kind geboren wurde, Batatschichan.»[16] Sätze, die uns unvermittelt in eine völlig fremde Welt versetzen, Bilder, die den Wald- und Steppenmenschen sehr geläufig waren. Die Tiere, Sippentiere, spielten in dieser Welt eine wichtige Rolle: Wolf und Leopard, die räuberischen Jäger der Steppe, verkörpern kriegerischen Geist und wilde Kraft, die die Nomaden brauchen, wollen sie ihr gefahrvolles Leben bestehen; der Falke, Jagdgehilfe des Menschen, ist ein Sinnbild der Freundschaft und Treue; die Hirschkuh gilt als Ahnmutter vieler Völker der Erde. Der Wolfsahn, der mit der Hindin den Baikal-See überquerte und am heiligen Berg mit der Quelle des heiligen Flusses, dem mythischen Mittelpunkt des Landes der Manghol, ein Menschengeschlecht begründete, ist natürlich kein gewöhnliches Tier. Er ist «vom hohen Himmel erzeugt». Der Himmel (Tengri) ist der große Weltengott selbst, und das bedeutet, daß der Mongolenherrscher direkt mit der Gottheit verbunden ist. Der Himmel als Beschützer, dieser Glaube war bei den Nomadenvölkern allgemein verbreitet; der Himmels- und Sonnenkult war bei Jägerstämmen eine charakteristische Erscheinung.

Das Übernatürliche, das der Chronist so betont an den Anfang seines Werkes stellt, entspricht dem Mythos, den Dschingis Khan selbst für sich in Anspruch nahm, ließ er doch wissen, kraft göttlichen Willens sei er zum Herrn über die Länder der Erde bestimmt. Die göttliche Fügung, die das Geschlecht der Dschingiskhaniden schuf, kommt in der Überlieferung von Alan, der jungen Witwe eines Häuptlings, noch einmal zum Ausdruck.

Batatschichan, so erzählt die Geheime Geschichte weiter, war Stammvater zahlreicher Häuptlinge vieler Horden bis hin zu Dobun dem Klugen, der mit Alan der Schönen verheiratet war. Nach Dobuns Tod gebar Alan drei Söhne, deren Vater unbekannt war. Die Söhne aus der Ehe mit Dobun sprachen abfällig über die Mutter, sie habe sich mit einem Hörigen niederer Klasse, einem «Schwarzköpfigen», eingelassen. Die Mutter rechtfertigte sich so: «Ihr habt miteinander mich verdächtigt, ich hätte diese Söhne geboren und wessen Söhne es seien. Mit eurem Argwohn habt ihr recht: Nacht für Nacht kam ein goldglänzender Mann durch die Dachluke der Jurte herein. Er streichelte meinen Bauch, und sein Strahl senkte sich in meinen Leib. Wenn er hinausging, kroch er hinaus auf dem Sonnen- und Mondstrahl wie ein gelber Hund. Warum aber redet ihr ungebührlich? Wenn man es hiernach versteht, ist es ein Beweis, daß es Söhne des Himmels sind. Wie aber könnt ihr von ihnen reden und sie mit den schwarzköpfigen, gewöhnlichen Menschen vergleichen. Wenn sie einmal Könige über alle sind, wird das gemeine Volk sie erkennen.»[17]

Nüchterne Wissenschaftler haben, kaum zu Unrecht, vermutet, daß Alan die Schöne – sollte sie so wirklich gesprochen haben – den Vater ihrer nachgeborenen Söhne decken wollte. Dieser war, folgt man den Informationen der Geheimen Geschichte, möglicherweise türkisch-kirgisischer Herkunft.[18] Bodontschar, der jüngste dieser Söhne, ist eine historisch gesicherte Gestalt. Er gründete das weitverzweigte Geschlecht Bordschigin, aus dem der Klan der Kijat (die «Reißenden Ströme») hervorging, dem Dschingis Khan angehörte.

Temudschins Jugend

Dem Streit unter den mongolischen Stämmen, ihrer Zerrissenheit, war eine kurze Periode der Gemeinsamkeit vorausgegangen. Ein Häuptling namens Kabul trug bereits den Titel Khan (König, Herrscher) und regierte, so sagt die Geheime Geschichte, «über die ganzen Manghol». Kabul Khan und seine Söhne wagten es Mitte des 12. Jahrhunderts, die mächtigen Dschürtschäten herauszufordern, die über Nordchina herrschten und dort das Goldene Reich Kin (oder Chin) gegründet hatten. Später verbanden sich die Kin und die Tatar und brachten den Mongolen eine Niederlage bei. Das erste mongolische Khanat verschwand und zerfiel wieder in Stämme, Klane und Sippen. Jesügei Ba'atur, ein Enkel des Kabul Khan, nahm mit seiner Sippe an einem Rachezug gegen die Dschürtschäten teil. Er kämpfte auch gegen die Tatar, die Erbfeinde der Mongolen, und war innerhalb seines Klans eine geachtete Persönlichkeit.

Rauh waren die Sitten bei den alten Mongolen. Der Ba'atur Jesügei fand nichts dabei, die Frau zu rauben, die sich für einen anderen entschieden hatte, und sie zu seiner eigenen zu machen. Er war am Onon auf der Vogelbeize und begegnete Tschiledu vom Stamm der Merkit. Tschiledu hatte sich bei den Olchunout ein Mädchen namens Ho'elun (Ölün) als Gattin geholt (die Mongolen waren exogam) und war dabei, sie in seine Heimat zu bringen. Jesügei beobachtete den Mann, der mit der Frau auf dem Karren daherzog. Als er sah, daß es ein besonders schönes Mädchen war, beschloß er, sie zu entführen. Er jagte zu seiner Jurte zurück und kam mit zwei Brüdern wieder. Tschiledu geriet in Furcht, er peitschte die Schenkel seines Falben und ergriff die Flucht. Die drei folgten ihm. Tschiledu schlug um einen Bergvorsprung einen großen Bogen und kehrte zu seiner Frau zurück. Da sagte Ho'elun zu ihm: «Diese Männer sehen aus, als wollten sie dir ans Leben. Solltest du am Leben bleiben, dann kannst du noch ein anderes Mädchen oder eine Frau finden. Wenn sie einen anderen Namen hat, kannst du sie wieder Ho'elun nennen. Rette dein Leben! Mach dich davon, hier kannst du meinen Geruch riechen.» Sie zog ihr Hemd aus, und als er es vom Pferd herunter ergriff, da kamen die drei um die Bergecke herum. Tschiledu entkam in höchster Eile, den Onon aufwärts.[19] Jesügei nahm Ho'elun und machte sie zu seiner Lieblingsfrau. (Die Merkit werden den Raub später rächen.) Obgleich Ho'elun so laut klagte, «daß der Onon-Strom Wellen schlug und der Uferwald rauschte», wie die Geheime Geschichte anschaulich berichtet, fügte sie sich in ihr Schicksal und wurde dem Jesügei eine kluge und tatkräftige Frau.

Als Jesügeis Klan und andere Manghol die Tatar bekriegten, war Ho'e-lun in der Schwangerschaft, und gerade kehrte der Ba'atur mit einer Schar Gefangener in sein Lager zurück, da gebar Ho'elun einen Sohn. Das war bei Deliün-boldaq am Onon im späten Frühjahr 1162. Auf dieses Geburtsjahr, das in den chinesischen Annalen verzeichnet wurde, hat sich die moderne mongolische und chinesische Historiographie geeinigt.[20] «Bei seiner Geburt hielt der Knabe in seiner rechten Hand einen Blut-klumpen, so groß wie ein Knöchelstein.»[21] Das geronnene Blut sah aus wie ein roter Edelstein, und der Schamane des Klans prophezeite, daß der Sohn Jesügeis ein gewaltiger Krieger werde. Der Vater nannte das Kind Temudschin[22], denn so hieß einer der gefangenen Tatar, die er ins Lager brachte, als der künftige Dschingis Khan das Licht der Welt erblickte.

Ho'elun gebar Jesügei außer Temudschin noch drei Söhne: Chasar, Chatschiun und Temuge-Ottschigin sowie eine Tochter Temulun. Von einer anderen Frau, die wahrscheinlich durch Ho'eluns Erscheinen zur Nebenfrau degradiert wurde, stammten zwei Söhne: Bekter und Bel-gütei. Die Kindheit verbrachte Temudschin im Stammlager des Klans am Onon. Wie alle mongolischen Kinder lernte er früh das Reiten und übte sich im Bogenschießen. Mit Dschamucha, einem der Spielgefährten, ver-band Temudschin eine besonders feste Freundschaft. Beim Knöchelspiel auf dem Eis des Flusses schlossen sie eine Schwurbruderschaft und tauschten dabei, wie es unter Erwachsenen üblich war, Geschenke aus. Dschamucha überreichte Temudschin einen Spielknöchel von einem Reh und erhielt einen kupfergegossenen Knöchel zurück. Der Schwur, ewige Freundschaft zu halten, wurde von Angehörigen verschiedener Ge-schlechter geleistet; ihre Schwurbruderschaft (Anda) galt bindender als die Blutsbande. Danach, im Frühling, schossen die Schwurbrüder ge-meinsam mit ihren Holzbögen. Dschamucha schnitzte sich pfeifende Pfeile zurecht, Signalpfeile, wie sie zur Nachrichtenübermittlung benutzt werden, und schenkte sie Temudschin. Der Freund revanchierte sich mit selbstgefertigten Pfeilen mit Wacholderspitze. So wurde der zweite Schwurbruderbund geschlossen, der später, als die Jungen erwachsen wa-ren, noch einmal erneuert wurde.[23]

Temudschin war neun Jahre alt, «ein Knabe mit Feuer in den Augen und Glanz im Gesicht». Da fand der Vater, es sei an der Zeit, dem Sohn eine Braut zu suchen, denn die Mongolen heirateten sehr früh. Jesügei dachte daran, beim Stamm der Olchunout vorzusprechen, dem seine eigene Frau einst angehörte. Dort hatte man ihm den Raub offensichtlich nicht nachgetragen. Der Vater machte sich mit dem Sohn auf den Weg. Da trafen sie auf Dei-Setschen, einen Führer der Ongirat, eines angese-

Dschingis Khan auf der Beizjagd. Chinesische Malerei

henen Stammes. Dei-Setschen lud die Reisenden in sein Zelt. Der Ongirat brachte das Gespräch auf die «schönwangigen Töchter» seines Stammes und stellte den Gästen seine Tochter Börte vor. Börte, ein Jahr älter
als Temudschin, gefiel den Brautwerbern, und man wurde sich einig. Temudschin blieb zunächst im Lager der Ongirat, denn es war Sitte, daß ein
künftiger Ehemann eine Zeitlang bei den Brauteltern lebte.

Jesügei konnte zufrieden sein, doch die Reise wurde ihm zum Verhäng-
nis. Auf dem Rückweg begegnete Jesügei einem Trupp Tatar, die in der
Steppe biwakierten. Da er Durst hatte, saß er ab. Die Tatar erkannten ihn

25

Bogenschütze

als einen, der sie früher beraubt hatte. Aus Rache mischten sie ihm Gift in die Speise. Jesügei war übel, doch in dreitägigem Ritt konnte er seine Jurte gerade noch erreichen. Er bat darum, Temudschin, den Haupterben und Nachfolger, zurückzuholen. Doch als Temudschin im Lager eintraf, war der Vater bereits tot. Das war um das Jahr 1171.

Der plötzliche Tod Jesügeis war für die Familie in vieler Hinsicht ein harter Schlag. Alte Feindschaften traten zutage, die Lagergemeinschaft, durch den Ba'atur zusammengehalten, brach auseinander. Die Witwen der Stammesführer, die Aristokratinnen der Steppe, zankten miteinander; unter ihresgleichen schien Ho'elun nicht gerade beliebt gewesen zu sein. Als sich Ho'elun beschwerte – man hatte sie beim Opfer für die Ahnen benachteiligt –, kam es zum Eklat. Die Taitschiut, Verwandte der Kijat, verließen das Lager, denn mit dem Tod Jesügeis war die Aussicht auf Beute und kriegerischen Ruhm für sie geschwunden. Selbst der Klan des Toten machte sich davon, die Herden mit sich führend. Ho'elun stieg mit dem Feldzeichen aufs Pferd und versuchte, die Leute zurückzuhalten, doch vergeblich. Ein alter Krieger, der sich auf ihre Seite stellte, wurde mit der Lanze niedergestochen. Darüber weinte Temudschin. Ho'elun und ihre Kinder blieben in Armut und Not zurück, doch die Mutter verlor den Mut nicht. Der Chronist stimmt ein Loblied an: «Ihre Haube fest aufgesetzt, ihr Kleid fest geschürzt, lief sie am Onon aufwärts und abwärts, las Beeren auf und fütterte Tag und Nacht die Kehlen ihrer Kinder ... grub mit einem Wacholderspan in der Hand Wiesenampferwurzeln und Wurzeln des Binsenkrauts aus, zog ihre Kinder mit Lauch und Zwiebeln auf ...» [24] Mit Pfeil und Angelhaken beteiligten sich die Söhne an der Versorgung der Familie. Dabei kam es zu jenem Mord, den die Geheime Geschichte nicht kommentiert, der aber für die Roheit der Steppenwelt im allgemeinen und für das Durchsetzungsvermögen des Knaben Temudschin im besonderen spricht: Vordergründig ging es um einen belanglosen Streit. Bekter und Belgütei, die Halbbrüder, hatten Temudschin und Chasar einen Fisch entrissen und vorher schon eine erlegte Lerche gestohlen. Ho'elun wollte ihre erregten Söhne beschwichtigen, doch diese stürmten los und töteten Bekter, der auf einem Hügel saß und die Pferde hütete. «Temudschin und Chasar erschossen ihn von vorn und hinten wie beim Scheibenschießen und gingen fort.» [25]

Ein Brudermord markierte den Eintritt Dschingis Khans in die Geschichte. Temudschin tötete kalten Blutes, mit Vorbedacht, als sich der Bruder ihm zu widersetzen wagte. Denn er, Temudschin, ältester Sohn der Hauptfrau des Vaters, war das richtende Oberhaupt der Familie. So

Moderne Mongolin

wollte es das Gesetz der Steppe. Bekter schien das am Ende akzeptiert zu haben, denn er wehrte sich nicht, als er die Schützen bemerkte. Sitzend, mit untergeschlagenen Beinen, erwartete er den Tod. So weiß es die Geheime Geschichte. Und Belgütei blieb dem Dschingis Khan stets treu ergeben.

Temudschin war damals vierzehn oder fünfzehn Jahre alt. In den Abenteuern, die er danach bestand, erwies sich der Knabe als ein nachdenklich-abwägender, nicht impulsiver, wenn auch zielstrebiger junger Krieger. Er prüfte immer wieder sorgfältig die Lage – *der Himmel will mich warnen* –, ehe er das Waldversteck im Gebirge verließ, in das er sich vor den Verfolgern geflüchtet hatte. Nach neun Tagen hielt er es nicht mehr länger aus. *Warum soll ich ruhmlos sterben? Ich will hinaus!* Er verließ das Dickicht und wurde von den Taitschiut gefangengenommen.[26] Nach geglückter Flucht besann sich Temudschin auf seine ihm versprochene Braut. Zusammen mit Belgütei ritt er zu Dei-Setschen. Der Schwiegervater war hocherfreut, den jungen Mann zu sehen, der so viel Mut bewiesen hatte und seinen Feinden entkommen konnte. Er gab ihm seine Tochter Börte als Ehefrau zur Begattung. Mutter Ho'elun erhielt ein wertvolles Geschenk, einen schwarzen Zobelpelz. So ausgestattet stellte Temudschin durchaus etwas vor. Ehrgeizig, wie er war, konnte er nun daran gehen, sich einen Verbündeten, besser gesagt einen Schutzherrn, zu suchen. To'oril[27] fiel ihm ein, Fürst der Kere'it. Ihm hatte Temudschins Vater zur Macht verholfen; Jesügei und To'oril waren Schwurbrüder gewesen. Daran erinnerte Temudschin den Fürsten, als er To'oril in dessen Lager am Fluß Tola aufsuchte: *In früheren Tagen hast du mit meinem Vater Jesügei Freundschaft geschlossen. Wer mit meinem Vater Freundschaft geschlossen hat, ist so gut wie mein Vater. Ich bringe dir das Geschenkkleid von meiner Hochzeit.*[28] Damit überreichte er ihm den Zobelpelz. Zum Dank, sagte To'oril, wolle er Temudschins zerstreutes Volk sammeln und es dem Sohn Jesügeis zuführen.

Temudschins Schicksal hatte sich gewendet. Zwar war er nun Vasall des Kere'it, doch stand er mit seinen Brüdern nicht mehr allein. Als Krieger und Haupt der Familie genoß Temudschin einen guten Ruf, und auch die wirtschaftliche Lage der kleinen Gemeinschaft hatte sich gebessert. Den Frieden störten die Merkit, die nie vergessen hatten, wer einst Ho'elun raubte, die einem der ihren zugesprochen war. Als sich eine Reiterschar näherte, ergriff Temudschin mit seiner Familie eilends die Flucht. Pferde standen in ausreichender Zahl zur Verfügung, sogar für den Diener und für das Gepäck. «Für Börte aber fehlte ein Pferd», meldet die Geheime Geschichte lakonisch. Das ist, nach dem Brudermord, ein neuer dunkler Punkt im Leben des jungen Dschingis Khan: Die eigene, ihm gerade angetraute Frau überließ das Oberhaupt der Familie dem auf Rache sinnenden Feind. Börte fiel, zusammen mit Belgüteis Mutter und einer alten

Annäherung an den heiligen Berg

Dienerin, die die junge Frau zu verstecken suchte, in die Hände der Merkit. Diese meinten: «Als Vergeltung für Ho'elun nehmen wir jetzt ihre Frauen mit. Damit haben wir unsere Rache erfüllt.»[29] Wahrscheinlich handelte Temudschin durchaus überlegt. Seiner Mutter und ihm selbst drohte tödliche Gefahr, seiner Frau offenbar nicht. Börte zurückzulassen hieß, die Verfolger aufzuhalten. Diese Rechnung ging tatsächlich auf. Temudschin hatte realistisch, wenn auch unedel gehandelt. Zum Dank für die eigene Errettung, die ihm das Wichtigste war, huldigte Temudschin dem Berg Burhan Chaldun, in dessen von Sümpfen umgebenen dichten Wäldern er sich verbergen konnte: *Um meine Haut zu retten, stieg ich ... auf Hirschpfaden pirschend auf den Burhan-Berg hinauf. Vom Burhan Chaldun wurde mein Leben, wie das einer Laus, bewahrt ... Vom Burhan Chaldun wurde mein Leben, nur wert einen Dreck, beschützt. Große Angst habe ich ausgestanden. Burhan Chaldun will ich jeden Morgen durch Opfer ehren, jeden Tag will ich ihn anbeten. Meiner Kinder Kinder seien dessen eingedenk.* Demütig wand er, zur Sonne gerichtet, seinen Gürtel um seinen Hals, mit der Hand schlug er an seine Brust und neunmal auf die Knie fallend bot er der Sonne Streuopfer dar und betete sie an.[30] Auf den Mythos vom Ursprung der Ahnen schien Temudschin – nun Häuptling u n d Schamane – anzuspielen, als er den Burhan Chaldun zu seinem persönlichen Schutzheiligtum erklärte (vgl. Kapitel «Göttliche Abstammung»), und noch in neuerer Zeit haben Nachkommen des Dschingis Khan an ihrem heiligen Berg Opfer dargebracht.

Die Merkit kosteten ihre Rache aus. Tschiledu, dem Temudschins Vater einst die Frau genommen hatte, lebte nicht mehr. Also gab man Temudschins Frau Börte dem jüngeren Bruder Tschiledus, Tschilger-Boko, «in seine Obhut», das heißt, man zwang sie, seine Frau zu werden. – Nur mit einer starken Streitmacht konnte Börte befreit werden. Die Gefolgschaft, die Temudschin mittlerweile zugelaufen war, reichte nicht aus. To'oril half seinem Schutzbefohlenen. Dschamucha kam ins Spiel, einflußreicher Häuptling der Dschadarat, der mit den Merkit eine persönliche Rechnung zu begleichen hatte. (Als Knaben hatten Temudschin und Dschamucha Schwurbruderschaft geschlossen.) Mit 40 000 Kriegern insgesamt wurden die Merkit angegriffen und geschlagen. Jene, die damals den heiligen Berg umzingelt hatten, «die rotteten sie aus bis auf Kind und Kindeskind ... Die übrigen Frauen und Kinder nahmen sie zum Beischlaf, soweit sie dazu paßten.» Börte war frei. Temudschin nahm seine Frau in die Arme: *Was mir fehlte und was ich suchte, habe ich gefunden. Wir wollen nicht die Nacht hindurch marschieren, sondern hier lagern ... Von Himmel und Erde wurde mir die Kraft gestärkt. Vom mächtigen Himmel bin ich gezeichnet, von der Mutter Erde bin ich hierher gebracht. Mit Mannesrache haben wir den Merkit-Leuten ihren Busen leer gemacht, ihnen ihre Leber zerrissen. Ihr Bett haben wir ihnen leer gemacht, ihre Angehörigen ausgerottet. Die übriggeblieben sind, haben wir geraubt.*[31] Wenig später gebar Börte ihr erstes Kind; der Sohn wurde Dschotschi genannt. War Temudschin der Vater oder war es der Merkit? Zweifel hat es immer gegeben, doch Dschingis Khan machte keinen Unterschied zwischen seinen Söhnen.

Aufstieg zum Dschingis Khan

Als der Kampf um die Macht über die Mongolenstämme begann, war Temudschin kaum zwanzig Jahre alt. Wir wissen nicht, inwieweit To'oril sein Versprechen erfüllte und dem Verbündeten sein Volk, oder einen Teil desselben, wieder zuführte, das Temudschin beim Tod des Vaters die Gefolgschaft verweigert hatte. Es ist uns aber überliefert, wie geschickt der junge Häuptling agierte, um neue Helfer zu gewinnen, Sippen und Klane um seine Person zu vereinen. Die Männer, die Temudschin um sich sammelte, hatten sich oft, aus unterschiedlichen Gründen, von ihrer Stammesgemeinschaft getrennt. Sie suchten den Dienst eines Herrn, bei dem sie ein freieres oder besseres Leben erhofften. Unfreie waren darunter, die der Ausbeutung entrinnen wollten. Temudschin aber ging der Ruf voraus, seinen eigenen Leuten gegenüber gerecht und großzügig zu sein. Um jene aus ihrer hergebrachten Ordnung losgelösten Menschen für sich zu gewinnen, wußte Temudschin seinen Ruf zu festigen. Er bot ihnen einen Lagerplatz an, half ihnen bei der Jagd oder gab ihnen Lebensmittel. Die Untertanen der Taitschiut zum Beispiel litten unter der Willkür ihrer Herren. Als sie erfuhren, wie Temudschin seine Leute mit Pelzen und Pferden beschenkte, sagten sie zueinander: «Dieser kleidet die Seinen mit seinen eigenen Kliedern, er läßt sie sein eigenes Pferd reiten; um das Volk zu beruhigen und den Staat zu lenken, ist er sicherlich der geeignete Mann.» [32]

Einen Staat zu lenken, das vereinigte Volk der Manghol zu regieren – von diesem Verlangen wurde Temudschin in diesen Jahren mehr und mehr ergriffen. War es nicht an der Zeit, die Anarchie zu beenden, in der sich die Stämme zerfleischten, und das Königtum wiederherzustellen, das wenige Generationen zuvor eine kurze Blütezeit erlebt hatte? Dschamucha, der gleichaltrige Freund, ehrgeizig wie Temudschin selbst und deshalb ein potentieller Rivale, war ein Hindernis auf diesem Weg. Es fügte sich gut, daß sich die beiden zwar verstimmt, aber doch in Frieden voneinander trennten, nachdem sie, seit dem Sieg über die Merkit, eineinhalb Jahre lang gemeinsam von Lagerplatz zu Lagerplatz gezogen waren.

Zulauf kam von allen Seiten. Die Menschen traten einzeln, in Gruppen oder familienweise in Temudschins Dienste. *Vom mächtigen Himmel* fühlte sich der künftige Herrscher *gezeichnet*, und viele der neuen Gefährten beeilten sich – keineswegs uneigennützug –, dem neuen Herrn nach dem Mund zu reden. Ein Mann namens Qortschi vom Klan der Ba'arin begründete seine Trennung von Dschamucha mit einem «himmlischen Zeichen», wonach Himmel und Erde miteinander beschlossen, daß Temudschin Herr des Reiches sein solle. Er fragte gerade heraus: «Temudschin, wenn du Herr des Reiches wirst, wie wirst du mich für diese meine Wahrsagung erfreuen?» Die Antwort lautete: *Wenn der Himmel mir wirklich das Reich unter meine Hand gibt, will ich dich zum Fürsten über Zehntausend machen.* Qortschi war das nicht Freude genug: «Wenn du mich zum Fürsten über Zehntausend gemacht hast, gib mir dreißig Frauen und das Recht, sie mir aus den schönsten und besten Mädchen des Reiches auszuwählen.» [33] Später wird ihm Temudschin diese Bitte erfüllen.

Lassen wir es dahin gestellt sein, ob Temudschin selbst an seine von Gott gegebene Berufung glaubte, oder ob er nur – gestützt auf die Schamanen – eine geschickte Eigenpropaganda betrieb, die beim abergläubischen Volk ihre Wirkung nicht verfehlte. Es kam so weit, daß sich die wichtigsten Vertreter der mongolischen Aristokratie, die direkten Nachkommen des Einigungsfürsten Kabul Khan, zu denen Temudschin selbst (nicht aber Dschamucha) zählte, auf die Seite Temudschins stellten. Die älteren Verwandten hofften wahrscheinlich, den jungen, der Stammestradition verhafteten Führer in ihrem Sinne beeinflussen und lenken zu können, was von Dschamucha, dem «Unbeständigkeit» nachgesagt wurde, schwerlich zu erwarten war. Diese These vertrat der russische Mongolist B. Ja. Wladimirzow, der sich mit den klassenbedingten Spannungen in der altmongolischen Gesellschaft auseinandersetzte. [34]

«Wir wollen dich zum Khan machen», mit diesen entscheidenden Worten wandten sich drei der vornehmsten Häuptlinge an Temudschin. Sie unterwarfen sich, indem sie namens der übrigen gelobten, in der Schlacht an der Spitze zu reiten, entführte Frauen und erbeutete Pferde dem Khan zu überlassen, Wild dem Herrscher zuzutreiben, Jagdbeute ihm zu übergeben. Sollten sie, so hieß es in dem Schwur weiter, im Kampf dem Khan die Treue brechen, so sei – «wirf unsere schwarzen Köpfe auf den Erdboden» – ihr Leben verwirkt. Das war ein Akt der völligen Unterordnung. Denn jene, die bisher dem Temudschin gleichgestellt waren, und andere, die in der Stammbaumhierarchie höher rangierten, präsentierten sich dem neuen Gebieter nun als «Schwarzköpfige», das heißt als abhängiges niederes Volk. Mit solchen Gelübden und Eiden erhoben sie Temudschin zum Khan mit dem Titel Dschingis Khan, vermerkt die Geheime Geschichte. [35]

Herkunft und Bedeutung des Ausdrucks «Dschingis» sind nicht völlig geklärt. Die meisten Wissenschaftler haben sich der These Pelliots angeschlossen, der das Wort vom türkischen «Tengis» (Ozean, Meer) abgeleitet hat, zumal das entsprechende mongolische Wort «Dalai» den Nachfol-

Der Baikal-See, das sagenumwobene Meer der Mongolen

gern Dschingis Khans und geistlichen Würdenträgern (Dalai Lama) als Titel beigegeben wurde. Der Ozean – das ist der Tengis-(Baikal-)See, das riesige sagenumwobene Meer der Mongolen[36], das, wie wir gesehen haben, in der Ursprungsgeschichte der Manghol eine Rolle spielte. Ein

33

«ozeangleicher», alle Mongolen umfassender Herrscher will der Beiname ursprünglich sagen, dem später, mit den endlos weit ausgreifenden Siegen des Dschingis Khans, die Bedeutung eines Weltenbeherrschers zugeflossen ist.

Allerdings war Dschingis Khan, noch nicht dreißig Jahre alt, zu diesem Zeitpunkt keineswegs Herr über alle Mongolen; nicht einmal alle Stämme der Manghol erkannten seine neue Würde an. Der Khan gebot über dreizehn Lager mit 30000 Kriegern. Fast zwanzig Jahre sollten noch vergehen, bis sich Dschingis Khan tatsächlich als oberster Gebieter über alle turkomongolischen Völker etablierte.[37]

Dschingis Khan verlor keine Zeit, in seinem Ulus eine gewisse Ordnung herzustellen, die es bei den Manghol bis dahin nicht gab. Treue Gefolgsleute wurde mit Ämtern und Würden belohnt: Köcher- und Schwertträger dienten als Ordonnanzen und als Leibwache; Mundschenke und Köche hatten für das persönliche Wohl des Khans zu sorgen; andere waren für Pferde, Schafe und Jurte des Herrschers verantwortlich; wieder andere beaufsichtigten das niedere Dienstpersonal. Zur Nachrichtenübermittlung «für den Fern- und Nahverkehr» wurden besondere «Pfeilboten» eingesetzt. Bo'ortschu und Dschelme, den ältesten Freunden, die zu ihm gestoßen waren, als er noch ums bloße Überleben kämpfte, dankte Dschingis Khan mit bewegten Worten: *Als ich außer dem Schatten keine Gefährten hatte, seid ihr beide mein Schatten gewesen. Ihr habt meinen Sinn beruhigt; ihr sollt in meinem Sinn bleiben. Als ich außer dem Schweif keine Peitsche hatte, seid ihr der Schweif gewesen. Ihr habt mein Herz beruhigt, ihr sollt in meiner Brust bleiben! Wo ihr beide im Anfang bei mir gestanden habt, solltet ihr da nicht über alle diese hier Vorgesetzte sein?*[38]

Kampf um die Alleinherrschaft

Fürs erste konnte der junge Khan durchaus zufrieden sein. Der neue Rang verschaffte ihm Autorität gerade gegenüber seinem Schutzherrn, dem Kere'itenfürsten To'oril. Dieser reagierte zurückhaltend, als er die Nachricht erhielt: «Das ist sehr richtig, daß ihr meinen Sohn Temudschin zum Herrscher macht. Wie wollt ihr Manghol ohne Herrscher sein? Diesen euren Beschluß verletzt nicht wieder, euren Rockkragen zerreißet nicht wieder.» Zum Bruch zwischen Dschingis Khan und dem Führer der Kere'it kam es erst viel später.

Dschamucha dagegen, der andere Mächtige im Land der Mongolen, verbarg seine Unzufriedenheit und Enttäuschung nicht. «Mit welchen Gedanken», fragte er vorwurfsvoll seine ehemaligen Anhänger, die zu Temudschin übergegangen waren, «habt ihr ihn jetzt zum Khan gemacht?»[39] Ein Anlaß zum Krieg war bald gefunden: ein Pferderaub, bei dem der Räuber, ein Stammesangehöriger Dschamuchas, von einem Gefährten Dschingis Khans getötet wurde, ein in der Steppe eher gewöhnlicher Zwischenfall. Dschamucha und die ihm ergebenen Stämme sammelten ein Heer und zogen gegen Dschingis Khan ins Feld. Es kam zu einer Schlacht. Obgleich die Kontrahenten gleich stark waren, Dschamucha und Dschingis Khan brachten je 30 000 Krieger zusammen, wurde Dschingis Khan geschlagen.

Es müssen mehrere Jahre vergangen sein, bis sich der Khan von dieser Niederlage erholte – eine Periode im Leben ihres Helden, die «Die Geheime Geschichte der Mongolen» übergeht. In seiner Synopse der zeitgenössischen Quellen neigt Paul Ratchnevsky einer chinesischen Überlieferung zu, wonach Dschingis Khan aus seiner Heimat floh und bei den Kin Zuflucht fand.[40] Die Geheime Geschichte setzt, unvermittelt, erst wieder ein, als sich – mit einer Strafexpedition der Kin gegen die Tatar (etwa 1196) – die politische und militärische Lage entscheidend zugunsten Dschingis Khans veränderte.

Mit ihren Bundesgenossen aus der Steppe hatten die Kin, die seit weniger als hundert Jahren im Norden Chinas herrschten, keine reine Freude. Den Goldenen Kaisern[41] waren die raublustigen tatarischen Krieger als Helfer immer dann willkommen, wenn es galt, andere Völker der öst-

Städtisches Leben in China. Sung-Dynastie 12. Jahrhundert.
Chinesische Zeichnung

lichen Mongolei, die gefährlich werden konnten, zu zügeln, Unbotmä-
ßige niederzuhalten. Gemeinsam hatten die Kin und die Tatar, wie wir
gesehen haben, eine erste Einigung der Manghol vereitelt. Zuverlässig
waren diese wilden Reiter jedoch nicht. Beute zu machen, das war ihre
Natur; die Seßhaften mit ihrer Zivilisation forderten den Nomaden heraus. Oft genug hatten die Kin unter den Überfällen der Tatar zu leiden.

Wegen der Verteilung von Beute kam es zu einer Rebellion der Tatar,
die an der Seite der Kin einen Kriegszug unternommen hatten. Als Truppen der Kin die Tatar durch die Wüste Gobi in die Steppe hinein verfolgten, sah Dschingis Khan, der seine Kräfte wieder gesammelt hatte, die
Chance gekommen. Er stellte sich dem General des Goldenen Kaisers zur
Verfügung. (Vielleicht war er von den Chinesen – wir verwenden von jetzt
an die westliche Bezeichnung für die Bewohner des Reiches der Mitte –
dazu auch nachdrücklich ermuntert worden.) *Seit alters ist das Tatar-Volk
das Feindesvolk gewesen. Wie es heißt, treibt der Kanzler des Altan Khan
den Megudschin mit den Tatar den Uldscha-Fluß aufwärts, und sie kommen auf uns zugezogen. Wir wollen die Tatar, die unsere Ahnen und Väter*

ermordet haben, in die Zange nehmen.[42] Mit diesen Worten erinnerte Dschingis Khan auch an die persönliche Rechnung, die er mit den Erbfeinden seines Volkes zu begleichen hatte, die ein Vierteljahrhundert zuvor seinen Vater vergifteten. Gemeinsam mit To'oril und seinen Kere'it überfiel Dschingis Khan das Lager der Tatar, deren Häuptling Megudschin im Kampf getötet wurde.[43] Im Zelt des Häuptlings fanden sie eine goldene Wiege und ein perlenbesetztes Deckbett, Beutestücke aus einem Raubzug gegen die Chinesen. Dschingis Khan behielt diese seltsamen Gegenstände und schickte sie in sein Ordu.[44] Die Chinesen zeigten sich erkenntlich. To'oril wurde mit dem Titel Wang (König) Khan (Ong Khan) geehrt, eine sehr weitgehende, politisch zu wertende Auszeichnung. Denn Peking lag daran, die umstrittene, durch Familienfehden geschwächte Position des neugewonnenen Verbündeten zu stärken. Dschingis Khan erhielt eine vergleichsweise dürftige Belohnung. Er durfte sich Dscha'utquri nennen, was sinngemäß bedeutet: Bevollmächtigter gegen die Rebellen an der Grenze. Das war die Einstufung eines Vasallen der Kere'it, denn als solcher mußte der Manghol den Goldenen Kaisern nach wie vor erscheinen. Immerhin: Unter dem Titel Dscha'utquri taucht der künftige Herr in Asien zum erstenmal in den Annalen des mächtigen Goldenen Imperiums auf. Es war, wenn man so will, ein Einstieg in die große Politik.

Dschingis Khan war jetzt stark genug, jene Verwandten niederzuzwingen, die sich ihm noch nicht völlig untergeordnet hatten. Mit der Sippe der Dschurkin vom gemeinsamen Kijat-Klan hatte es schon früher Schwierigkeiten gegeben. Zwar hatten die Dschurkin die Entscheidung mitgetragen, Temudschin (und nicht Dschamucha) zum Dschingis Khan zu machen, doch schwelte die Rivalität innerhalb der Steppenaristokratie weiter. Bei einem Festmahl am Onon kam es – ein Streit unter Frauen um ihre Rangordnung war vorangegangen – zwischen den Familien zu einer Prügelei. Man brach die Äste von den Bäumen, riß die Stößel aus den Melkeimern und schlug aufeinander los, meldet die Geheime Geschichte. Offenbar hatten die Beteiligten dem Kumys[45] zu stark zugesprochen. Selbst Dschingis Khan, sonst eher ein beherrschter Mann, drosch auf die Kontrahenten ein. Beim Feldzug gegen die Tatar brüskierten die Dschurkin ihr nominelles Oberhaupt, indem sie eine Botschaft Dschingis Khans ignorierten, sich am Kampf gegen den gemeinsamen Feind zu beteiligen. Während der Abwesenheit Dschingis Khans überfiel ein Trupp Dschurkin das Stammlager der Kijat; sie plünderten, und sie töteten zehn Mann. *Jetzt sind sie, sich an die Feinde anlehnend, als Feinde aufgetreten,* sagte der Khan «in großer Wut» und zog, gleich nach dem Sieg über die Tatar, gegen die Dschurkin ins Feld. Ihre beiden Anführer, Satscha-Beki und Taitschu, fielen in seine Hand. Unverzüglich wurde ein Exempel statuiert. Eigenhändig schlug Dschingis Khan den beiden Häuptlingen die

Mongolischer Krieger kämpft mit einer Schimäre.
Persisch-mongolische Miniatur, 1330

Köpfe ab und warf ihre Leiber in die Steppe.[46] Das war ein rechtlich zwei-
felhaftes Strafgericht. Zwar hatten die Häuptlinge dem Khan die versprochene Gefolgschaft verweigert, als er sie zum gemeinsamen Feldzug rief,
doch auf dem Schlachtfeld hatten sie ihn nicht verlassen, und es ist nicht
überliefert, daß sie am Überfall auf das Stammlager persönlich beteiligt
waren. Dschingis Khan hatte vor allem gewichtige politische Gründe, im
eigenen Lager reinen Tisch zu machen: So lange es unter den zahlreichen
Nachfahren des großen Kabul Khan oppositionelle Würdenträger gab,
die nach dem komplizierten Erbfolgerecht der Nomaden, das mehrere
Zweige einer Dynastie begünstigte, das Khanat beanspruchen konnten,
war die Alleinherrschaft Dschingis Khans nicht einmal im eigenen Klan
der «Reißenden Ströme» gesichert. Erst dann, wenn diese Opposition, zu
der die beiden fürstlichen Sippenverwandten aus den Reihen der Dschurkin zählten, ausgeschaltet war, konnte Dschingis Khan daran denken, die
Regierungsgewalt über das gesamte Volk der Manghol zu übernehmen,
erst dann konnte er sich dem Hauptrivalen Dschamucha zuwenden.

Auch Buri-Bökö vom Kijat-Klan, ein Vetter von Dschingis Khans Vater Jesügei, konnte dem Khan gefährlich werden. Zudem war Buri-Bökö,
ein außerordentlich kräftiger Mann, bei den einfachen Manghol beliebt.

«Athlet des Volkes» wurde er ehrerbietig genannt, denn noch nie war er im Ringkampf[47] besiegt worden. Damals, beim Festmahl am Onon, hatte er sich gegen Dschingis Khans Leute gestellt; mit Belgütei, dem Halbbruder des Herrschers, war er scharf aneinander geraten. Das hatte der Khan ihm nicht verziehen; er sann auf Vergeltung. Jetzt, nach den Siegen über Dschurkin und Tatar, stand Dschingis Khan vor aller Augen glänzend da. Und er befahl: *Wir wollen die beiden, Buri-Bökö und Belgütei, miteinander ringen lassen.* (War sich der *vom Himmel Gezeichnete* seiner Ausstrahlungskraft so sicher, die nun seine Gegner lähmen mußte?) Da, im Angesicht des Triumphators, gab sich Buri-Bökö kampflos verloren. Er, der Belgütei schon einmal im Ringkampf mit Leichtigkeit zu Fall gebracht und ihn gedemütigt hatte, wagte es nicht, in Gegenwart des Khans zu kämpfen. Absichtlich ließ er sich zu Boden fallen. Buri-Bökö lag da, den Blick zur Erde, doch Belgütei gelang es nicht, ihn umzudrehen und niederzudrücken, wie es den Regeln des Kampfes entsprach. Ratlos warf Belgütei einen Blick zurück, und als er Dschingis Khan ansah, biß sich der Bruder auf die Unterlippe. Belgütei verstand: Der göttliche Urteilsspruch (der Ringkampf, der Streitfälle entschied, kam bei den alten Mongolen einem Gottesgericht gleich) sollte an einem Schuldigen vollstreckt werden. Er setzte sich rittlings auf den Gegner, packte ihn am Hals, stemmte das Knie in Buri-Bökös Kreuz und brach dem Feind das Rückgrat. «Von Belgütei hätte ich nicht besiegt werden können», stammelte der Sterbende, «aus Furcht vor dem Khan habe ich mich nicht gewehrt.»[48] Der Autor der Geheimen Geschichte berichtet mit spürbarer Reserve über diesen Vorfall, den die offiziellen Chronisten der Dschingiskhaniden verschweigen, weil er dem Prestige des Reichsgründers abträglich ist (vgl. Kapitel «Die Geheime Geschichte»).

Drei Fürsten – Dschingis Khan, To'oril und Dschamucha – stritten am Ende des 12. Jahrhunderts, Anfang des 13. Jahrhunderts um die Macht über die Mongolen. Wir wollen es uns versagen, ihren Kämpfen im einzelnen nachzugehen, die Kriegszüge aufzuzählen, von denen die Annalen wissen, zumal die Datierung widersprüchlich und eine zeitliche Einordnung nicht möglich ist. Während Dschingis Khans Stern stieg, konnte auch Dschamucha seine Position festigen. To'oril dagegen blieb geschwächt; die Zwistigkeiten innerhalb der eigenen Familie – durch Brudermord war der Ong Khan zu seinem Thron gekommen – ließen dem Fürsten der Kere'it keine Ruhe. Temudschins grausames Gericht über seine Verwandten hatte jene Manghol alarmiert, die sich dem Dschingis Khan noch nicht unterworfen hatten und die um ihre Unabhängigkeit fürchteten. Sie setzten um so stärker auf Dschamucha. Ihm, dem Führer der Dschadarat, gelang es darüber hinaus, einflußreiche Persönlichkeiten der Naiman, Merkit, Oirat, ja sogar der Tatar, auf seine Seite zu ziehen. Sie alle beschlossen eine förmliche, gegen Dschingis Khan gerichtete Allianz. 1201, dieses Jahr ist gesichert, versammelten sich am Fluß Argun (dem unteren Lauf des Kerulen) Vertreter der genannten Steppen- und Waldvölker und proklamierten Dschamucha zum Gur Khan, das heißt Gesamt- oder Alleinherrscher.

Ein vereinigtes Mongolenreich der Zukunft zeichnete sich ab. Wer wird es beherrschen, Dschingis Khan oder Dschamucha? René Grousset, der französische Historiker, dem wir fundierte Darstellungen der Steppenvölker und ihrer Gebieter (von Attila bis Tamerlan) verdanken, charakterisiert die beiden Thronprätendenten so: Auf Dschingis Khans Seite waren politische Klugheit, Zähigkeit und die Kunst, seine Entscheidungen als Rechtens erscheinen zu lassen. Dazu kam zunächst noch die Hilfe des Ong Khan der Kere'it. Dschamucha besaß eine bemerkenswerte Beredsamkeit, einen beweglichen Geist und einen Hang zur Intrige. Doch Dschamucha war, zumindest nach den Quellen der Dschingiskhaniden, ein wenig zuverlässiger Verbündeter und zögerte nicht, die Stämme seiner eigenen Partei zu überfallen und auszuplündern. Dschingis Khan dagegen scheint für diejenigen, die ihm Treue gelobt hatten, ein unerschütterlich zuverlässiger Beschützer gewesen zu sein.[49]

Umgekehrt hatte er aufopfernd ergebene Gefährten. In epischer Breite erzählt die Geheime Geschichte, wie der treue Dschelme den Khan versorgte, als dieser durch einen Pfeilschuß verletzt worden war. Dschelme sog das geronnene Blut aus der Wunde am Hals und schlich, da den Gebieter der Durst plagte, nach Mitternacht ins Lager der feindlichen Taitschiut. Milch fand er dort nicht, aber er griff sich eine Schüssel mit Quark, die auf einem Karren stand. Mit dem verwässerten Quark stillte er den Durst seines Herrn. *Innen sind mir meine Augen wieder hell geworden,* sagte der dankbare Khan. *Damals, am Berg Burhan, hast du mein Leben schon einmal gerettet. Deine Dienste sollen in meinem Gedenken bleiben.*[50]

Persönliche Loyalität hat Dschingis Khan stets honoriert, und zwar auch dann, wenn sie, im feindlichen Lager geübt, seinen eigenen Interessen zuwiderlief. Gemeinen Verrat bestrafte er mit dem Tod, auch wenn er ihm zu Gefallen geschah. Abtrünnige waren Dschingis Khan dennoch willkommen. Stämme und Völker, die sich unterwarfen, konnten mit Milde rechnen, doch grausam rächte sich Dschingis Khan dann, wenn jene, die ihm Treue gelobt hatten, später die Fronten wechselten. (Das abtrünnige Volk der Tangut zum Beispiel überlebte Dschingis Khans Vergeltung nicht.) Ehrlichkeit und Mut schätzte der Khan jedoch auch bei seinen Gegnern. Während eines Gefechts wurde Dschingis Khans Pferd von einem Pfeil getroffen. Der Khan wollte wissen, wer der Schütze gewesen war. Dieser, ein Taitschiut, der die Seiten gewechselt hatte, meldete sich sofort. Ehrerbietig legte er sein Schicksal in die Hand des neuen Herrn und bot ihm seine Dienste an, die sehr willkommen waren: *Ein Mann, der tatsächlich als Feind gehandelt hat, der scheut sich und verbirgt, wen er getötet, oder was er an Schaden getan hat, und er schweigt darüber.*

Dschebe. Chinesische Malerei

Dieser hier verschweigt es jedoch gerade nicht, sondern teilt es vielmehr mit. Er ist ein Mann, zum Gefährten geeignet. Weil er mein Streitroß verwundet hat, nenne ich ihn Dschebe (Waffe), und ich will ihn als Streitroß benutzen. Er soll bei mir reiten. Mit dieser *Waffe* hatte Dschingis Khan einen guten Griff getan. Dschebe, der Bogenschütze von hohem Rang, wurde zu einem berühmten Feldherrn der Mongolen. Diejenigen allerdings, die wirklich *als Feind gehandelt* hatten, konnten keine Gnade erwarten. Die Stammfamilie der Taitschiut, jene Sippe, die einst den jungen Temudschin gefangengehalten und gedemütigt hatte, wurde «bis auf Kind und Kindeskind» niedergemacht.[51]

Nicht anders erging es den Tatar, gegen die Dschingis Khan im Frühling des Hundejahres (1202) wieder zu Felde zog. Vor der entscheidenden Schlacht revidierte der Khan ein wichtiges Gewohnheitsrecht der Nomaden, die um der Beute willen in den Krieg zogen. Bisher verfügten die Häuptlinge über die Beute, die sie machten, und gaben dem Khan einen Anteil ab. Jetzt verbot der Herrscher nicht nur die Plünderung auf eigene Faust. Er beanspruchte praktisch die gesamte Beute und das Recht, sie nach seinem Gutdünken zu verteilen: *Wenn wir den Feind besiegen, wollen wir nicht bei der Beute stehen bleiben. Wenn der Sieg entschieden ist, gehört die Beute uns, und wir werden sie schon miteinander teilen.*[52] Dieser wichtige Befehl wurde später in den berühmten Gesetzeskomplex (*Jassah*) Dschingis Khans aufgenommen, von dem noch die Rede sein wird.

Wieder regte sich bei den eigenen Verwandten Opposition. Mit dem nun halbwegs disziplinierten Heer wurden die Tatar geschlagen, drei Häuptlinge blieben jedoch entgegen dem ausdrücklichen Befehl *bei der Beute stehen.* Dschebe, der Außenseiter, wurde beauftragt, den Aristokraten der Steppe ihre erbeuteten Herden wieder abzunehmen. Die Häuptlinge ließen es sich zwar gefallen, sie nutzten jedoch die nächste Gelegenheit zur Desertion.

Danach wurde beschlossen, die Tatar als Volk verschwinden zu lassen: *Wir wollen sie, die unsere Ahnen und Väter getötet haben, zur Rache unseren Ahnen und Vätern opfern, am Achsenstift gemessen niedermetzeln ...* Das hieß, die Gefangenen traten nacheinander an ein Karrenrad; diejenigen, die über den Achsenstift reichten, wurden enthauptet, die Kleineren, die Kinder also, wurden zusammen mit den Frauen *zu Sklaven gemacht* und unter den Kriegern der Manghol verteilt. Zwei der Frauen, die Schwestern Yesugan und Yesui, nahm der Khan persönlich in Besitz. Gerade an Yesui hing Dschingis Khan danach eifersüchtig, wie eine barbarische Tat beweist, von der die Geheime Geschichte berichtet: Es war bei einem Trinkgelage. Dschingis Khan saß zwischen den beiden Schwestern. Plötzlich zuckte Yesui zusammen, denn sie erblickte ihren Ehemann in der Menge, dem sie, als sie in Gefangenschaft geriet, gerade erst gegeben worden war. Der junge Tatar konnte damals fliehen. Dschingis Khan wurde mißtrauisch. Er ließ alle Anwesenden nach Stämmen geordnet antreten. Der Tatar, «ein schöner und feiner Mensch», blieb übrig, und er gab sich als Mann der Yesui zu erkennen. Dschingis Khan befahl wütend: *Er läuft also einfach als Herrenloser hier herum! Was will er ausspionieren, daß er jetzt hierher gekommen ist? Seinesgleichen haben wir am Radstift gemessen. Hier heißt es kurzen Prozeß machen. Werft ihn hinter meine Augen!* Dem jungen Mann wurde der Kopf abgeschlagen.[53] Dschingis Khan aber hatte es verstanden, seinen Willkürakt zu rechtfertigen, indem er die private Affäre – der Mann wollte offenkundig nur seine Frau wiedersehen – zu einem Spionagefall umfunktionierte.

Dschingis Khan war jetzt 40 Jahre alt und der Rolle eines Vasallen des Kere'itenfürsten längst entwachsen, einem Verhältnis, in dem sich Dschingis Khan als Schwurbruder des sehr viel älteren To'oril nominell noch immer befand. Getreulich hatte er seine Pflichten dem Ong Khan gegenüber erfüllt, der nicht immer ein aufrichtiger Partner gewesen war. Einerseits beargwöhnte To'oril den aufstrebenden jüngeren Rivalen, andererseits schien er nicht abgeneigt zu sein, die Regierungsgewalt über die Kere'it eines Tages in Dschingis Khans Hände zu legen. Nun, nach dem Sieg über die Tatar, versuchte Dschingis Khan, den Entscheidungsprozeß zu beschleunigen. Ein Heiratsvertrag schien der geeignete Weg zu sein, Einfluß im Kere'iten-Staat zu gewinnen, denn Eheschließungen aus Staatsräson waren auch in der Welt der Nomaden ein probates Mittel

Dschingis Khan und seine Familie. Mongolische Malerei

vorausschauender Politik.[54] Der Khan der Manghol schlug vor, seinen ältesten Sohn Dschotschi mit To'orils Tochter Tscha'ur-Beki zu verbinden. Der Sanggum[55], To'orils einziger Sohn, erhob Einspruch. Seine jüngere Schwester im Ordu Dschingis Khans? Man kenne ja die Praktiken der Manghol, meinte er abfällig. Dort würde Tscha'ur-Beki doch nur «am Türwinkel stehen», das heißt, wie eine Dienerin oder Sklavin behandelt werden. Dschingis Khan erhielt eine Absage. Seitdem ließ seine Liebe zum Ong Khan und zu Sanggum etwas nach, bemerkt die Geheime Geschichte. Tatsächlich war Dschingis Khan durch den Hochmut der Kere'it – Sanggum hatte sein Angebot geradezu übelgenommen – und durch die Geringschätzung seines Stammes tief verletzt. Das Bündnis Dschingis Khans mit dem Ong Khan mußte nach dieser Beleidigung zerbrechen.

Dschamucha, dem Intriganten, gelang es, aus der Affäre Kapital zu schlagen. Er schloß sich mit Sanggum zusammen. Beide drängten den schwankenden To'oril, Dschingis Khan abzustoßen. Schließlich gab der Ong Khan nach und ließ seinen Sohn gewähren. Im Schweinejahr (1203) wurde der Bruch zwischen Dschingis Khan und den Kere'it vollzogen. Es kam zu Kämpfen, bei denen Dschingis Khan in Bedrängnis geriet. In mehreren dramatischen Appellen suchte er nun, das Lager der Gegner zu spalten. Deshalb der beschwörend milde Ton seiner Botschaft an den Ong Khan, in der er an die Jahre der Freundschaft mit ihm und seinem Vater Jesügei und an alle To'oril geleisteten Dienste erinnerte: *Mein König und Vater, durch welchen Ärger bist du dazu gekommen, mich so zu erschrecken? ... Wenn einem Karren mit zwei Deichseln die eine zerbricht, kann sein Rind ihn nicht mehr ziehen. Bin ich nicht eine solche zweite Deichsel von dir? Wenn einem zweirädrigen Karren sein anderes Rad zerbricht, kann er nicht weiter. Bin ich nicht ein solches zweites Rad von dir? ... Mein König und Vater, was hast du mir jetzt vorzuwerfen? Schicke mir einen Boten zu dem Grund deines Ärgers.* Auch jene Häuptlinge, mit denen er sich um der Beute willen zerstritten hatte, und die nun den Ong Khan unterstützten, suchte Dschingis Khan umzustimmen. Sie seien es schließlich gewesen, die ihn zur Übernahme des Khanats gedrängt hätten. Nun sollten sie mit ihm zusammen dafür sorgen, daß *an den Quellen der drei Ströme niemand anderes lagert, wer es auch sei*[56]. Der betagte To'oril wurde weich, als ihm die umfangreiche Botschaft seines ehemaligen Schützlings vorgetragen wurde. Doch nicht er, wankelmütig und feige, wie er war, bestimmte den Lauf der kommenden Ereignisse: Sanggum hielt Dschingis Khan wohl nicht zu Unrecht entgegen, er wolle nur die Wachsamkeit des Ong Khan einschläfern: «Wann hat er jemals vom König und Vater gesprochen? Hat er nicht immer von dem alten Messerhelden geredet? ... Was hinter diesen Worten steckt, ist mir klar. Das sind die Einleitungsworte für den Kampf! Pflanzt die Kriegesfahne auf, laßt die Wallache sich satt fressen. Es gibt kein Zögern mehr.»[57]

Wieder einmal war die Mongolei in Aufruhr. Zwischen dem Baikal-See und der Großen Chinesischen Mauer tummelten sich die schnell beweglichen Reiterhorden. Wie seit eh und je lieferten sie einander blutige, wechselvolle Gefechte. Ein Dutzend Jahre waren vergangen, seit aus dem jungen Temudschin ein Dschingis Khan geworden war. Koalitionen entstanden und lösten sich auf, denn in dem unbeständigen Leben der Nomaden war wenig von Dauer. Siege und Niederlagen wechselten in so schneller Folge, daß die Chronisten den Überblick verloren. Dschingis Khan jedoch blieb stets im Mittelpunkt der Ereignisse. Beharrlich verfolgte er sein Ziel, die Alleinherrschaft über alle mongolischen Stämme zu erringen. Doch erst jetzt schien die Zeit dafür reif zu sein.

In dreitägiger Schlacht, meldet die Geheime Geschichte, wurden die Kere'it geschlagen. Ong Khan To'oril und der Sanggum konnten der Umzingelung entgehen. Sie flohen in westliche Richtung. Der Ong Khan wurde von einem Späher der Naiman erschlagen, dem er sich zu erkennen gab, der ihm aber nicht glaubte. So endete To'oril, einst mächtiger Herrscher der Kere'it, der durch die Legende vom Priester(könig) Johannes[58] auch im christlichen Abendland bekannt geworden war. Sanggum führte zunächst das Leben eines Räubers und fand später im Lande der Uiguren einen ebenso ruhmlosen Tod. Den gefangenen Kriegern der Kere'it erging es besser als den Tatar; sie wurden versklavt, aber nicht physisch vernichtet. Die Masse der Kere'it verteilte Dschingis Khan auf die Klane der Manghol, damit sie mit diesen verschmolzen. Die Frauen der Fürstenfamilie waren eine begehrte Beute: Dschingis Khan selbst nahm sich eine Nichte des Ong Khan, eine andere Nichte des ehemaligen Herrschers gab er Tolui, seinem (nach dem offiziellen Stammbaum der Dschingiskhaniden) jüngsten Sohn. Dschotschi, der älteste Sohn, wird wohl die Tochter des Ong-Khan erhalten haben, die ihm seinerzeit verweigert worden war; verbürgt ist dies indessen nicht. (Als Ehefrauen der Mongolenherrscher haben Kere'iten-Prinzessinnen später einen erheblichen politischen Einfluß ausgeübt.) Gefährten, die zum Sieg beitrugen, zeichnete Dschingis Khan aus. Zwei Pferdehirten, die ihn vor einem Überfall der Kere'it gewarnt hatten, wurden besonders reich belohnt: *Den beiden, Badai und Kischiliq, gebe ich für ihre Verdienste das goldene Palastzelt Ong Khans, so wie es dasteht, dazu die goldenen Weingeräte, Schalen und Becher und das Personal, das die Sachen verwaltet hat. Und die Ongkojit und Kere'it sollen ihre Leibwächter sein. Ich gebe euch beiden auch das Recht, den Köcher zu tragen und aus dem Becher zu trinken, und bis auf Kind und Kindeskind sollt ihr euch der Darchan-Vorrechte[59] erfreuen ... Dadurch, daß diese beiden mir das Leben gerettet haben, ist es mir gelungen, unter der Hilfe des ewigen Himmels das Volk der Kere'it zu unterwerfen und so auf den höchsten Platz zu gelangen.*[60]

Allerdings: Noch herrschte Dschingis Khan nur über den östlichen Teil des riesigen Raumes, in dem es turkomongolische Stämme und Völker gab. Im westlichen Teil, über den Altai[61] hinaus, bis hin zum Balchasch-See, dominierten die Naiman, ein damals bedeutendes Volk, das von der modernen Wissenschaft als mongolisierte Türken eingestuft worden ist. Kulturell gesehen waren die gleichfalls nomadisierenden Naiman den Manghol überlegen, denn sie kannten schon eine Schrift, die sie von den, wiederum höherstehenden, Uiguren übernommen hatten. (Dschingis Khan wird diesem Beispiel folgen.) Im Lager des Tajang, des «großen Königs» der Naiman, hatten sich unterdessen die Widersacher Dschingis Khans, unter ihnen Dschamucha, versammelt und drangen darauf, die Mongolen anzugreifen. Der Tajang ließ sich nicht lange bitten, denn er glaubte, mit «ein paar Manghol da im Osten» ein leichtes Spiel zu haben: «Mögen am Himmel auch zwei glänzende Lichter sein, Sonne und Mond – wie aber können auf Erden zwei Könige sein? Laßt uns hingehen und uns die paar Manghol dort holen.» Königin Gurbesu riet eher zur Vorsicht, aber ihre Worte waren voller Verachtung: «Was sollten wir mit ihnen anfangen? Diese Manghol haben einen schlechten Geruch und tragen schwarze Kleider. Sie sind weit fort. Mögen sie da bleiben.»[62] Dschingis Khan nahm die Herausforderung an; der Tajang war ihm wohl nur zuvorgekommen. Er reorganisierte sein mongolisch-kere'itisches Heer, teilte es ein in Tausendschaften und ernannte deren Führer, in Abteilungen zu je hundert und zu je zehn Mann. Er stellte eine Leibgarde von zunächst achtzig Nachtwachen und siebzig Tagwachen zusammen. Auch Söhne der *einfachen Leute* wurden für die Leibwache ausgewählt, *soweit sie geschickt und von gutem Körperwuchs sind.* Eine Eliteeinheit von tausend Mann sollte *in Kriegszeiten vor mir stehen und kämpfen und in Friedenszeiten meine (zusätzliche) Leibgarde für die Tagwache sein.* Mit einer Kriegslist suchte Dschingis Khan den Feind über seine Stärke zu täuschen: Puppen wurden in der Steppe aufgestellt, zusätzliche Lagerfeuer entzündet, so wie es einer der Kommandeure geraten hatte. (Durch solche Manöver haben die Mongolen ihre Gegner immer wieder in Verwirrung gebracht.) Als nun in der Nacht die Brände auflodern, bei jeder Puppe fünf Lagerfeuer und dazu die Biwaks der Soldaten, sagten die Späher der Naiman, die vom Gebirge aus die Ebene beobachteten: «Hat man nicht gesagt, daß die Manghol so wenig seien? Sie lagern aber über die ganze Steppe hin, sie haben Feuer, mehr als die Sterne.» Daraufhin wollte sich der Tajang, hinhaltend kämpfend, über das Altai-Gebirge hinweg zurückziehen, doch seine Generale nannten ihn feige. So kam es in den Vorbergen des Altai zu einer entscheidenden Schlacht, in der Dschingis Khan nicht zuletzt wegen seiner neuen Schlachtordnung siegte: *Marschordnung «dichtes Gras»; Aufstellung in der Formation «See»; Kampfform «Bohrer».* Vom letzten Gefecht rings um den Nahu-Felsen zeichnet der Chronist ein äußerst realistisches Bild: «In jener Nacht brachen die Naiman auf und versuchten zu entkommen. Sie stürzten vom Felsen, drängten sich einer über den anderen, und dann fielen sie zusammen hinunter, daß die Leichen zerschmettert dalagen. Wie gestürzte Bäume hingestreckt, starben sie dicht aneinandergepreßt.» Der Tajang geriet in Ge-

Nachfahren der Eroberer mit einer Lasso-Rute zum Einfangen der Pferde

fangenschaft. Dschingis Khan ließ die ehemalige Königin der Naiman zu sich kommen, und nahm sie mit höhnischen Worten in seinen Besitz: *Du hast gesagt, der Geruch der Mongolen sei schlecht, nicht wahr? Warum bist du jetzt gekommen?* [63] Das war im Sommer des Rattenjahres (1204); nicht einmal zwölf Monate waren seit dem Sieg über die Kere'it vergangen. Im Herbst wandte sich Dschingis Khan gegen das *so verhaßte Volk* der Merkit, die alten Feinde der Jugendzeit, die sich mit den Naiman zusammengetan hatten. Die Kämpfe zogen sich in die Länge, doch ernst zu nehmende Gegner gab es nicht mehr in der Mongolei.

Denn Dschamucha, der Schwurbruder, einst ein Freund, dann Rivale und Feind, war auf der Flucht, seine gegen Dschingis Khan gerichtete Koalition zerbrochen. Selbst sein eigener Stamm der Dschadarat gab ihn auf, so wie Dschamucha den Tajang verließ, weil er letzten Endes die Aussichtslosigkeit der Lage erkannte.

Doch noch einmal hatte Dschamucha, diese seltsam unstete Erscheinung, sein undurchsichtiges, ränkevolles Spiel getrieben. Das war am Felsen Nahu, als er, Dschingis Khans Heer vor Augen, dem König der Naiman die Kampfeskraft der Mongolen so beredt-drastisch schilderte, daß er den Verbündeten in Angst und Schrecken versetzte. Wollte Dschamucha damit seinem Schwurbruder einen letzten Dienst erweisen? Der Verfasser der Geheimen Geschichte, der Dschamuchas Tiraden in epischer Breite wiedergibt, nimmt das als gegeben an. Dschamucha habe dann Dschingis Khan wissen lassen, der Tajang sei nun völlig entmutigt und zöge sich auf den Bergfelsen zurück. Danach trennte sich Dschamucha von den Naiman, noch ehe die entscheidende Schlacht begann.

Die Fluchtgefährten nahmen Dschamucha eines Tages gefangen und lieferten ihn Dschingis Khan aus. Das war ein Verrat, über den sich Dschamucha bitter beklagte. Dschingis Khan stimmte sofort zu: *Wie kann ein Mann, der Hand an seinen rechtmäßigen Herrn gelegt hat, am Leben gelassen werden?* Und er ließ vor den Augen Dschamuchas die Leute enthaupten, die ihn ergriffen hatten. Der Sieger war versöhnlich, ja sentimental gestimmt; er schlug Dschamucha sogar vor, wieder *Gefährten zu sein.* Hatte ihm dieser Gefangene gelegentlich doch auch gute Dienste geleistet. Dschamucha dagegen winkte resigniert ab, seine Zeit hielt er für abgelaufen. «Als ich Gefährte sein sollte, bin ich dir keiner gewesen. Jetzt hast du die Völker im Umkreis gebändigt ... Der Himmel hat dir den Kaiserthron gezeigt. Wo jetzt der Erdkreis dir bereitet ist, was für ein Gewinn könnte ich als Gefährte da noch sein?» Und er erbat sich zwei letzte Vergünstigungen. Wenn er getötet werde, so möge dies geschehen, ohne sein Blut zu vergießen. (Das war eine Gnade, bemerkt Wladimirzow, denn nach Auffassung der Schamanen wohnt die Seele des Menschen in seinem Blut.) Zweitens wünschte er sich, daß seine Leiche nicht, Raubtieren und Vögeln zum Fraß, in die Steppe geworfen, sondern «auf einem hohen Platz beigesetzt» werden möge. So geschah es.[64] Dschamucha wurde erstickt oder erwürgt und so bestattet, wie es einem Fürsten zukam.

Dschingis Khan hatte gesiegt, weil er, als Persönlichkeit, seinem Rivalen und seinen Gegnern überlegen war. Dschamucha mußte scheitern, denn es gelang ihm nicht, die Mehrheit der Mongolen dauerhaft auf seiner Seite zu sammeln. Indem er sich Fremden, den Naiman, als Bündnispartner zur Verfügung stellte, verriet Dschamucha die Interessen des mongolischen Volkes, als deren Sachwalter sich Dschingis Khan etablieren konnte.

Ein Militärstaat entsteht

Folgerichtig kam es zu jenem Ereignis, mit dem die Mongolei als Staat einer einzigen turkomongolischen Nation in die Weltgeschichte eintrat: Im Frühling des Tigerjahres (1206) versammelte sich an der Quelle des heiligen Flusses Onon ein Reichstag. Häuptlinge, Sippenälteste und Krieger pflanzten die neunschwänzige weiße Fahne auf, eine Standarte, die den persönlichen Schutzgeist (Sülde) Dschingis Khans symbolisierte. (Die Neun war eine magische Zahl.) Danach rief der Quriltai der Manghol und aller botmäßigen und unterworfenen turkomongolischen Stämme und Völker Dschingis Khan zum Herrscher aus, zum obersten Khan aller «Völker mit den Filzzelten», das heißt aller nomadisierenden Stämme der Steppe.[65] Der Sülde Dschingis Khans und seines Klans schützte von da an die ganze Nation und das gesamte Heer. Der kaiserliche Titel Kha Khan (Khagan, Qahan), das heißt Herrscher der Herrscher, der Dschingis Khan nun in den zeitgenössischen Quellen gegeben wurde, war eine Amtsbezeichnung früherer Herren der Mongolei.[66] Es ist derselbe Titel, den die abendländischen Reisenden Johann de Plano Carpini, dem wir den ersten westlichen Bericht über die Mongolen verdanken, Wilhelm von Rubruk und Marco Polo mit Großkhan übersetzen. Die moderne Forschung ist mit Paul Pelliot der Ansicht, daß Dschingis Khan selbst diesen Titel nicht getragen hat, mit dem sich seine Nachfolger schmückten.

Wie nach dem Sieg über die Kere'it, so beeilte sich Dschingis Khan auch jetzt, diejenigen zu belohnen, die ihm als treue Gefolgsleute zur Seite gestanden hatten. *Jene, die mit mir gezogen sind, das Reich zu gründen, will ich zu Tausendschaftsführern machen.* Die Geheime Geschichte spricht von 96 Tausendschaften und größeren Einheiten bis hin zur Zehntausendschaft (*Tümen*). Mit zuverlässigen Kommandeuren und nicht mit wankelmütigen Stammesfürsten wollte der Alleinherrscher zusammenarbeiten. Minuziös referiert der Chronist, die epische Darstellungsweise verlassend, über Dschingis Khans militärisches Organisationsprogramm und unterstreicht so die Bedeutung, die der von der Reichsversammlung eindrucksvoll bestätigte Khan dem Aufbau einer einheitlichen Armee beimaß. Es gibt keine Anzeichen dafür, daß Dschingis Khan zu diesem Zeitpunkt plante, die ihm bekannte Welt zu erobern. (Zum Krieg gegen

Mit Börte auf dem Thron. Persische Miniatur

China soll er allerdings entschlossen gewesen sein.) Der militärische Apparat, den er sich schuf, schien vielmehr vor allem dazu bestimmt zu sein, die eigene Position in dem ihm zugefallenen weiträumigen Machtbereich gegen Feinde im Innern und potentielle Gegner von außen abzusichern. *Bo'ortschu soll eine Zehntausendschaft im Westen führen, Muhali 10 000 Mann im Osten, und Naja'a befehligt die Zehntausendschaft der Mitte.* Bisher hatte Dschingis Khan eine Leibgarde von 80 Nachtwachen und 70 Tagwachen und eine Elitetruppe von 1000 Mann. *Wo ich jetzt, durch die Kraft des ewigen Himmels in meiner Macht von Himmel und Erde gestärkt, das ganze Reich mir botmäßig gemacht und unter meine alleinige Leitung gebracht habe, sollt ihr die Leibwachen auf die Zahl von zehntausend bringen ... Unsere persönlichen zehntausend Mann Leibwachen soll*

*man zu einer starken Truppe machen, und sie sollen den Kern des Heeres
bilden.*[67] Die Söhne der Heerführer wurden der Leibgarde (*Keschig*), gewissermaßen als Bürgen, zugeteilt. Ein Auserlesener dieser Eliteeinheit
stand im Rang höher als der Tausendschaftsführer in der gewöhnlichen
Armee. So schuf sich Dschingis Khan die Kaderschmiede des entstehen-
den Reiches, ein Machtinstrument, auf das er sich voll und ganz verlassen
konnte, vergleichbar den 10000 «Unsterblichen»[68] der altpersischen Armee oder den Janitscharen der türkischen Sultane.

Im neuen Militärstaat der Mongolen wurde die alte Stammesorganisa-
tion praktisch zerschlagen. Die Einheit eines Stammes blieb nur in
Ausnahmefällen bewahrt, wenn sich Dschingis Khan der Loyalität der
betreffenden Horde völlig sicher war oder sie sich besondere Verdienste
erworben hatte. Die Tausendschaften setzten sich in der Regel aus Angehörigen verschiedener Stämme und Völker zusammen. Das Mißtrauen
des Herrschers gegenüber den Oligarchien der Stammesfürsten ging auf
die bitteren Erfahrungen zurück, die Dschingis Khan, jetzt 44 Jahre alt,
im wechselvollen Kampf um die Alleinherrschaft mit schwankenden Verbündeten und heuchlerischen Freunden gemacht hatte. Indem der Khan
zudem die Söhne (und ihre persönlichen Gefolgsleute) seiner zu hohen
Ehren aufgestiegenen Kommandeure in die Leibgarde einreihte und sie
so seiner direkten Aufsicht und Einflußnahme unterstellte, wollte er ver-
hindern, daß sich die neuen Feudalstrukturen selbständig machten. Da
Krieger und «Zivilisten» mit ihren Frauen und Kindern zusammen lebten, erstreckte sich die militärische Aufgliederung der Wehrfähigen nach
dem Dezimalsystem in der Praxis auf die gesamte Bevölkerung. Das
heißt, das turkomongolische Volk wurde in Einheiten von zehn, hundert
und tausend Familien eingeteilt. (Mehr als 30 Völkerschaften mit etwa
zwei Millionen Menschen, unter ihnen 400000 «echte» Mongolen, waren
zu diesem Zeitpunkt unter Dschingis Khans weißer Standarte mit den
neun Jakschwänzen vereinigt. Das Heer war mehr als 100000 Mann stark.
Bei Dschingis Khans Tod, so errechnete Raschid ad-Din, hatten die Mongolen 230000 Mann unter Waffen.) Wehrpflichtig waren zeitweise Männer vom 15. bis zum 70. Lebensjahr. Alle Krieger wurden schärfster Disziplin unterworfen; Ungehorsam oder Feigheit waren mit der Todesstrafe
bedroht. In einem Befehl, auf die Leibwachen bezogen, heißt es: *Wenn sie
das Gesetz verletzen, meldet es mir. Haben sie die Enthauptung verdient, so
werden wir sie enthaupten lassen. Haben sie Prügelstrafe verdient, werden
wir sie hinlegen lassen und prügeln.* Wie sehr dem Khan seine Sicherheit
am Herzen lag, zeigt dieser Befehl: *Die Wachen bei der Palastjurte sollen
den Leuten, die zur Nacht eindringen wollen, ihre Köpfe glatt abschlagen
oder ihnen die Schultern abhacken ... Niemand, wer es auch sei, darf ohne
Meldung seitens der Nachtwache eintreten. Niemand, wer es auch sei, darf
... nach der Zahl der Nachtwachen fragen.*[69] Oder: *Unser Getränk und
Essen soll die Nachtwache beaufsichtigen ... Wenn die Köcherträger Ge-*

tränke und Speisen ausgeben, sollen sie bei der Nachtwache anfangen ...
Ihr, meine Nachtwachen, schützt mein goldenes Leben. [70]

Es waren die Kriegskunst Dschingis Khans und seiner Feldherrn, die Beweglichkeit der Reiterarmeen, die Treffsicherheit der berittenen Bogenschützen, die Disziplin der Krieger allgemein, die den Mongolen ihre Siege ermöglichten. (Zur Taktik der Nomaden, die den Gegner in Verwirrung stürzte, siehe das Kapitel «Über die Große Mauer».)

Die Einführung der militärischen Ordnung hatte eine Umschichtung in der Gesellschaftsstruktur der turkomongolischen Völker zur Folge: Unter den Tausendschaftsführern, deren Autorität die stammesfürstliche Gewalt verdrängte, waren Leute einfacher Herkunft, Hirten, ein Zimmermann, die Söhne von Schmieden, die wegen ihrer Verdienste und nicht durch Rechte der Geburt emporstiegen. So entstand die neue Kaste einer erblichen Militäraristokratie, die ihre Position dem Herrscher verdankte und ihm treu ergeben war. Sie hatte die kleineren Feudalherren unter ihrem Befehl. An der feudalen Struktur der mongolischen Gesellschaft änderte sich dadurch nichts; es wechselten lediglich ihre Repräsentanten. Sogar der Begriff noyon (edel), die Charakterisierung des al-

Moderner Arat

Lager in der Steppe

ten Stammesadels, wurde für die neue militärische «Aristokratie der Steppe» übernommen. Dabei hielt Dschingis Khan die oberste Macht im zentralisierten Staat fest in seinen Händen. Das Weideland war im Besitz des Staates, den der Khan repräsentierte. Der Herrscher verlieh die Nutzungsrechte im Einklang mit den Vasallendiensten der militärischen Noyonen. Johann de Plano Carpini schreibt: «Der Großkhan dieser Tataren hat eine staunenswerte Macht über alle; keiner wagt es, sich in irgendeinem Gebiet seines Reiches ohne seine besondere Anweisung niederzulassen. Er teilt den Herzögen ihre Wohnplätze zu. Die Herzöge wiederum bestimmen die Wohnplätze der Tausendschaftsführer, diese die Plätze der Hundertschaftsführer, und jene befehlen den Führern der Zehn, wo sie sich aufzuhalten haben.»[71]

Der Führungsstil im Dezimalsystem gewährleistete nicht nur die zentralistische Lenkung des Staates und die schnellstmögliche Befehlsübermittlung. Umwälzend neu für eine Nomadengesellschaft war die Tatsache, daß der Herrscher die Freizügigkeit aller seiner Untertanen beschnitt, die Beweglichkeit der Nomaden dirigierte, die sich dem Zugriff der Obrigkeit nicht mehr, so wie es früher der Fall gewesen war, entziehen

Zweihundert Kilometer am Tag schafft ein mongolisches Pferd

konnten. Selbständige Aktionen waren nun ausgeschlossen. Demjenigen, der den zugewiesenen Platz verließ, drohte die Exekution.

Am meisten jedoch litt das entrechtete einfache Volk. Die Bauern, also der seßhafte Teil der Nomadengesellschaft, und gerade die ackerbautreibende Bevölkerung der eroberten Länder wurden durch eine hohe Bodensteuer hemmungslos ausgebeutet. Die Bauern waren praktisch an das Land gebunden.[72] Abhängig von den neuen und alten Feudalherren waren auch die Araten (Hörige), die nomadisierenden Pferde- und Viehzüchter, die zusammen mit den freien mongolischen Kriegern die Hauptmacht des mongolischen Heeres, die berühmte und gefürchtete Reiterei, bildeten.

Besonders drückend war die Verpflichtung, Pferde und Proviant für den legendären Postdienst der Mongolen zu stellen. Pfeilboten hatten bisher, in den noch leicht überschaubaren Räumen, Nachrichten übermittelt. Das heißt, die Meldereiter überbrachten entweder eine mündliche Botschaft oder sie schossen Pfeile von einem bestimmten Aussehen ab, die einen bestimmten Tatbestand signalisierten. Es gab auch speziell bearbeitete tönende Signalpfeile. Der wachsenden Ausdehnung des Reiches wurde dieses primitive Meldewesen nicht mehr gerecht. Dschingis Khan befahl, Vorkehrungen für die schnellstmögliche Befehlsübermittlung zu treffen. Entlang den Verkehrswegen wurden, im Abstand von etwa fünf Galoppstunden, Relaisstationen mit Getreidemagazinen angelegt, die den Postreitern zur Verfügung standen. Diejenigen Bauern und Araten, die dem Postdienst (Ula'a) zugeteilt waren, hatten dafür zu sorgen, daß frische Pferde oder Rennkamele, Proviant und Futter bereitstanden. (Ein ähnliches System hatte es schon in frühen türkischen Reichen gegeben; die Mongolen vervollkommneten es später nach chinesischem Muster.) Durch die Stafettenkuriere, deren Bedarf absoluten Vorrang hatte, wurden innerhalb von 24 Stunden Botschaften übermittelt, deren Zustellung normalerweise mindestens drei Tage beansprucht haben würde.

Die Schätze, die mit den Eroberungen dem Staat zuflossen, kamen kaum den gewöhnlichen Kriegern zugute. Sie erhielten nur ihren Anteil an der Beute, Pferde, Waffen, Frauen und Sklaven. Es war die Oberschicht, die sich bereichern konnte. Dschingis Khan selbst scheint relativ einfach gelebt zu haben. Er trug, so wird überliefert, die gleiche Kleidung wie die Hirten und Pferdeknechte und aß das gleiche wie sie. Dschingis Khans Nachfolger dagegen gewöhnten sich an den Luxus. Vom Prunkt am Hof Kubilais zum Beispiel hat Marco Polo, der venezianische Reisende, anschaulich berichtet: An seinem Geburtstag legte der Enkel Dschingis Khans ein überaus kostbares golddurchwirktes Gewand an. Der Großkhan befahl, daß zwanzigtausend Fürsten und Vornehme aus diesem Anlaß und bei anderen festlichen Gelegenheiten seidene Gewänder zu tragen hätten, die denen des Herrschers ähnlich, wenn auch nicht ganz so wertvoll waren. Solche Extravaganzen, entsprachen der Würde der kaiserlichen Position.

Nach den Freien, Halbfreien und Unfreien waren die Sklaven am Ende der dschingiskhanidischen Klassengesellschaft angesiedelt. Sie nahmen am Leben des Staates keinen Anteil. Es gab individuelle Sklaven. Versklavt wurden aber vor allem Angehörige besiegter Stämme und Völker, die als Leibeigene die Herden der Sieger versorgten oder Hilfstruppen stellten. Plano Carpini: «Im Krieg werden sie in die vordersten Reihen gestellt, und wenn es gilt, einen Sumpf oder ein gefährliches Wasser zu überqueren, so müssen sie zuerst den Übergang testen. Wenn die Sklaven einen Mißgriff machen oder nicht auf den Wink gehorsam sind, bekommen sie Schläge wie das Vieh ... Jene, die in den Jurten ihrer Herren als Sklaven gehalten werden, sind in der traurigsten Lage der Welt. Im Winter leiden sie schrecklich unter der Kälte. So sahen wir einige, welche die Zehen und die Finger erfroren und eingebüßt hatten. Andere starben an den Erfrierungen oder sie litten infolge des Frostes so an allen Gliedern, daß sie dieselben fast nicht mehr gebrauchen konnten.»[73]

Bei den besiegten Naiman hatte sich Dschingis Khan für Verwaltungsmethoden interessiert und den Kanzler des Tajang, den Uiguren Tatatonga, in seinen Dienst gestellt. Dieser konnte seinen neuen Herrn schnell von der Bedeutung der Schrift für einen Staat überzeugen. Die uigurische Schrift[74], die von den Naiman verwendet wurde, fand nun auch im gesamten Mongolenstaat Verbreitung. Tatatonga erhielt den Auftrag, den Söhnen des Khans das Schreiben beizubringen. Dschingis Khan verfügte, daß seine Befehle von da an mit einem Siegel versehen wurden.

Unmittelbar nach seiner Berufung zum obersten Herrscher trat Dschingis Khan als Gesetzgeber in Erscheinung. Die Schrift diente nun dazu, die Lehrsätze (*Bilik*), Befehle und Gesetze (*Jassah*) unmißverständlich im Land zu verbreiten und der Nachwelt weiterzugeben. Raschid ad-Din überliefert den folgenden *Bilik* Dschingis Khans: *Wenn in der Zukunft, in fünfhundert, tausend und zehntausend Jahren, die Nach-*

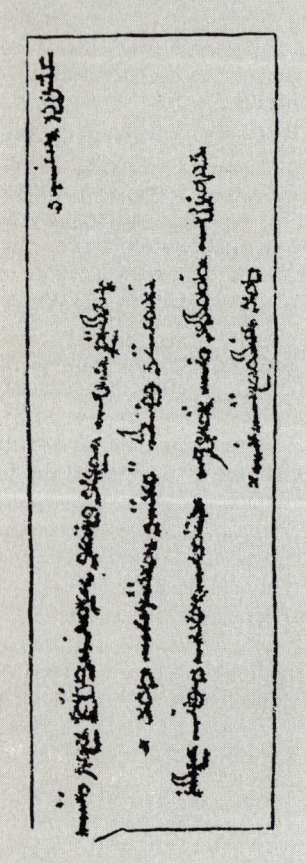

1225. *Lob Dschingis Khans für einen großen Bogenschützen. Das erste bekannte Zeugnis in uiguro-mongolischer Schrift auf einem Stein bei Nertschinsk (Ostsibirien)*

kommen, die geboren werden und den Thron besteigen, den Brauch und das Gesetz (Jassah) Dschingis Khans ... bewahren und diese nicht ändern, so wird der Himmel ihrer Herrschaft Hilfe gewähren ... Wenn sich die Großen unter den vielen Nachkommen der Herrscher nicht streng an das Gesetz halten, wird die Macht des Staates erschüttert und ein Ende nehmen. Dann wird man noch so sehr nach Dschingis Khan suchen, man wird ihn aber nicht finden.[75] Unter denen, die Dschingis Khan nach dem Reichstag von 1206 mit Ämtern und Würden belohnte, war sein Adoptivsohn Schigiqutuqu, ein junger Tatar von vornehmer Geburt, den der Khan einst auf dem Schlachtfeld aufgelesen und seiner Frau Börte zur Erziehung übergeben hatte. Als Schigiqutuqu auf seine Ergebenheit verwies und Ansprüche geltend machte, entschied der Herrscher ohne Zögern: *Bestrafe die Diebstähle im ganzen Volk und kläre die Betrugsfälle auf. Die, welche Tötung verdient haben, laß töten, die, welche Geldbuße verdient haben, laß Buße zahlen.* Außerdem wurde Schigiqutuqu beauftragt, Prozeßberichte, Angaben über die Verteilung des Landes und der Bevölkerung an die Aristokratie und Gerichtsurteile mit blauer Schrift auf weißem Grund in einem *Blaubuch* niederzulegen, das allen Richtern als Leitfaden dienen sollte. *Und bis in meine fernste Nachkommenschaft darf das, was Schigiqutuqu nach Beratung mit mir festgeschrieben hat, nicht geändert werden.*[76] So wurde ein unbekannter Tatar Hüter und Schriftführer des Gesetzes, der oberste Richter des turkomongolischen Staates.

Seit dieser Zeit wurden die Direktiven für die Regierung des Reiches schriftlich fixiert. Das gesamte Gesetzeswerk ist als das Große Buch der *Jassah* (Dschassaq), der Rechtsordnung, berühmt geworden. Das Werk wurde nicht zu einem bestimmten Zeitpunkt abgefaßt, sondern ständig überprüft und erweitert und hat daher keinen systematischen Charakter. Es ist eine Sammlung von Anordnungen, die Dschingis Khan im Laufe der Jahre je nach Notwendigkeit getroffen hat. Sie behandeln den zivilen und militärischen Bereich, die ja in der Praxis ineinander übergingen. In der *Jassah* wurden vor allem die neuen Rechtsnormen, aber auch Elemente des Gewohnheitsrechts kodifiziert. Das Original dieser mongolischen Rechtsordnung ist nicht erhalten geblieben. Die überlieferten Fragmente geben nicht den Wortlaut der Bestimmungen Dschingis Khans wieder, einige beziehen sich offensichtlich auf die Jassahs späterer mongolischer Herrscher.[77] Klar ist jedoch, worum es Dschingis Khan ging: Gehorsam und Disziplin durften sich nicht auf das Militär beschränken. An Stelle der Anarchie, die unter den mongolischen Stämmen herrschte und deren Zeuge und Leidtragender Temudschin schon in der Jugend gewesen war, sollten überall in der Steppe und in den Wäldern, in Sippen und Familien geordnete Verhältnisse einkehren.

Raub und Plünderung waren typisch für das Leben der Nomaden und Anlaß zu dauernden Rachezügen der Stämme gegeneinander. Um den Räubereien und der Blutrache ein Ende zu bereiten, erließ Dschingis

Mongolen heute ... Gläubige Buddhisten vor dem Gandan-Kloster in Ulan-Bator, der Hauptstadt der Mongolischen Volksrepublik ...

Khan drakonische Gesetze. Für Mord, Raub und Ehebruch, denn auch der Ehebruch konnte Anlaß zu blutigen Fehden sein, wurde die Todesstrafe verhängt. (Straffrei blieb dagegen der Ehebruch, der mit Frauen fremder, unterworfener Nationen und mit Sklavinnen getrieben wurde, da diese Verletzung der Moral den inneren Frieden nicht unbedingt gefährdete.) Plano Carpini berichtet: «Sie haben das Gesetz oder die Gewohnheit, den Mann und die Frau zu töten, die sie beim Ehebruch ertappt haben, und wenn eine Jungfrau Hurerei getrieben hat, töten sie ebenso Mann und Weib. Wenn jemand in den Ländern ihres Machtbereichs offenkundig beim Raub oder Diebstahl ertappt wird, so wird er ohne Gnade niedergehauen.»[78]

... Kamelhirten in der Wüste Gobi

Die junge Generation. Blick aus einer Jurte

Auf den Handelswegen wurden Aufseher eingesetzt. Herrenlos aufgefundene Handelsware oder entlaufenes Vieh mußten diesen Aufsehern überstellt werden; tat ein Finder dies nicht, wurde er als Dieb behandelt. Verabredete Lüge und verleumderische Anklage waren ebenso wie die Sodomie mit dem Tod bedroht. Für kleinere Vergehen gab es die Prügelstrafe. Dschingis Khan, der immer neue Wege der Ruhe und Ordnung im Staat ersann, zog auch gegen die weitverbreitete Trunksucht seiner Untertanen zu Felde. Denn die Mongolen, Freunde des klaren aus Kumys geschlagenen Schnapses, hatten zudem ein neues berauschendes Getränk entdeckt, den Traubenwein, der in den Oasen Mittelasiens gekeltert wurde, und mit dem die choresmischen oder tangutischen Händler gute Geschäfte machten. *Die Gemeinen (Qaratschu) vertrinken ihr Pferd, ihre Herden und alles, was sie besitzen. Diese Getränke berauschen in gleichem Maße die Guten und die Bösen, ohne Unterschied von Ansehen und Charakter, sie betäuben die Sinne und die Glieder ...* heißt es in einem *Bilik*, der zum Maßhalten beim Konsum alkoholischer Getränke mahnt. In seinem Kampf gegen die Trunkenbolde war Dschingis Khan allerdings weniger erfolgreich als auf den anderen Gebieten. Ogodai, Dschingis Khans Sohn und Nachfolger, beklagte am Ende seines Lebens, daß er sich «vom Traubenwein besiegen» ließ. Er ist an den Folgen seiner Trunksucht gestorben.

Dschingis Khans Zuchtkodex verfehlte seine Wirkung nicht. Vierzig Jahre nach dem Quriltai von 1206 beobachtet der Franziskaner Plano Carpini: «In der ganzen Welt gibt es keine gehorsameren Untertanen als bei den Tataren. Sie sind gehorsamer noch als unsere Ordensbrüder gegenüber ihren Oberen. Sie erweisen ihren Herren mehr Ehrfurcht als alle anderen Leute und wagen es nicht leicht, sie anzulügen. Selten oder niemals stoßen sie Scheltworte gegeneinander aus, nie jedoch artet Zank in Tätlichkeiten aus, auch dann nicht, wenn sie betrunken sind, und sie betrinken sich viel. Krieg, Streit, Körperverletzung und Totschlag kommen unter ihnen nie vor, und Menschen, welche Räuberei und Diebstahl im großen Stil betreiben, findet man bei ihnen nicht. Daher haben sie an ihren Truhen und Wagen, in denen sie ihre Schätze aufbewahren, weder Schloß noch Riegel. Wenn Vieh verlorengeht, so überläßt es der Finder seinem Schicksal, oder er bringt es zu den Personen, die ausdrücklich dafür angestellt sind. Einer erweist dem anderen die schuldige Achtung; sie sehen sich untereinander fast als Glieder einer Familie an.»[79]

Doch an anderer Stelle seines Reiseberichts relativiert derselbe Beobachter dieses Bild einer bukolischen Idylle im Innern. Dort kommentiert Carpini die staatlich konzessionierten mörderischen Raubzüge nach außen so: «Menschen zu töten, in andere Länder einzufallen, fremdes Gut gegen alles Recht an sich zu reißen, Hurerei zu treiben, anderen Leuten Unrecht zuzufügen, sich über Gottes Gebote und Verbote hinwegzusetzen, das gilt ihnen nicht als Sünde. Von einem ewigen Leben und einer Verdammnis, die kein Ende hat, wissen sie nichts.»[80]

Die Welt jenseits der Grenzen

So schuf Dschingis Khan ein geordnetes Staatswesen. Darüber hinaus gelang es ihm, den Prozeß des Volkwerdens, der Herausbildung einer einheitlichen mongolischen Nationalität, in kurzer Frist zu vollenden. Dieses Verdienst unterstreichen auch die schärfsten Kritiker der mongolischen feudalistischen Militärherrschaft. Das Reich mit etwa zwei Millionen Menschen erstreckte sich nun von der sibirischen Taiga bis zum Gobi-Altai, von der Schwelle Turkestans bis in die östliche Mandschurei, 1500 Kilometer von Nord nach Süd, 3000 Kilometer von West nach Ost. Wie aber sah es jenseits der Grenzen aus, in einer Welt, mit der die Mongolen nun, direkt oder indirekt, in Berührung kommen sollten?

Namen tauchen in den Chroniken auf, Länder, Völker, Städte, die längst im Dunkel der Geschichte verschwunden sind. Da war im Westen das Reich Kara-Kitai (Schwarz-Kitai), das im zweiten Drittel des 12. Jahrhunderts seine größte Ausdehnung erreichte, bis hin zum Amu-Darja und an den Aral-See. Die Oberschicht dieses Staates gehörte zum Volk der Kitan, das als Liao-Dynastie (vom Fluß Liao-ho stammend) im Norden Chinas geherrscht hatte und dann von den Dschürtschäten (Kin) unterworfen bzw. vertrieben worden war. Ein Teil der Kitan wich nach Westen aus, machte die Uiguren zu Vasallen und brachte halb Turkestan in seine Gewalt. Die Häuptlinge dieser abgewanderten Kitan nahmen den türkischen Titel Gur Khan (Alleinherrscher) an. Sie residierten in Balasagun am Oberlauf des Flusses Tschu, wo heute die Sowjetrepubliken Kirgisien und Kasachstan aneinander grenzen. Die arabisch-persische Geschichtsschreibung hat die Kitan, deren neuer Herrschaftsbereich Kara-Kitai genannt wurde, eher verächtlich behandelt. Für die türkisch-muslimische Bevölkerung Turkestans waren ihre neuen Herren nicht nur Fremde, sondern auch «Heiden». Denn die Kitan, ursprünglich altmongolischer Abstammung, dann aber stark sinisiert, blickten nach wie vor nach China und orientierten sich nicht an ihrer muslimischen Umwelt. Inmitten des islamischen Kulturkreises verharrten sie in den Vorstellungen der buddhistischen Religion oder des Konfuzianismus.[81] Als Fremdkörper in der Masse der Muslime waren die Kitan zum Untergang verurteilt. Während im Osten Dschingis Khans Stern stieg, zerbröckelte die

Im Gebirge Gobi-Altai

Macht des Reiches Kara-Kitai. Der Sultan von Choresm schüttelte die Lehnsherrschaft des Gur Khans ab. Es waren dann die Mongolen, die Kara-Kitai und Choresm von der Landkarte tilgten.

Nur der Name einer Oase und eines sowjetischen Verwaltungsgebiets erinnert heute noch an Choresm, an dieses uralte Staatsgebilde am Unterlauf des Amu-Darja, des Oxus der Antike. Schon als Teil des Achämenidenreiches hatte Choresm eine selbständige Position innegehabt, und auch die Araber, die das Territorium 712 eroberten, respektierten die Rechte der einheimischen Fürstendynastien. Choresm erlebte auch eine kulturelle Blütezeit. Am Hof von Urgentsch, der Hauptstadt des Stammlandes im Norden, wirkte der berühmte Gelehrte Ibn Sina (Avicenna). Sultan Muhammed II. Ala ad-Din (er regierte von 1200 bis 1220), der Zeitgenosse und Gegenspieler Dschingis Khans, machte Choresm für wenige Jahre zur (flächenmäßig) größten Macht des Mittleren Ostens. Sein Wort galt etwas zwischen Kaukasus und Hindukusch, zwischen Kaspischem Meer und Persischem Golf (vgl. Kapitel «In den Ländern des Islam»).

Bei Dschingis Khans nördlichen Nachbarn waren die staatsrechtlichen und kulturpolitischen Verhältnisse weit weniger kompliziert als bei den hochentwickelten Völkern im Westen, Süden und Osten. In den riesigen Räumen Sibiriens entstanden zwar häufig Vereinigungen seßhafter oder wandernder Stämme, sie fielen jedoch meist schnell wieder auseinander. Die türkischen Kirgisen (Chakassen), die am oberen Jenissej und im Altai lebten, waren der stärkste Stammesverband dieser Region. Nach dem glänzenden Sieg über die Naiman (1204) und dem Reichstag von 1206 war Dschingis Khan zunächst damit beschäftigt, seinen Staat organisatorisch zu festigen. Er schickte jedoch seine Generale aus, mit dem Befehl, die nach Norden geflohenen geschlagenen Feinde aus den Reihen der Naiman und der Merkit unschädlich zu machen. Das gelang erst nach jahrelangem Kleinkrieg. Dschotschi, Dschingis Khans ältester Sohn, erhielt darüber hinaus Order, die nördlichen *Waldvölker,* Oirat und Kirgisen, zu unterwerfen. Beide Stämme, deren Siedlungsgebiet noch zum eigentlichen Machtbereich Dschingis Khans gerechnet werden konnte, ließen es auf einen militärischen Zusammenstoß nicht ankommen, sondern unterwarfen sich freiwillig. Die Fürsten der Kirgisen erschienen bei Dschotschi zur Huldigung. Sie übergaben ihm als Geschenke weiße Falken, die Sinnbilder der Freundschaft und Treue, weiße Wallache und schwarze Zobel. Mit den Führern der Kirgisen und Oirat trat Dschotschi im heimatlichen Ordu vor seinen Vater. Dieser sagte: *Du, der älteste meiner Söhne, bist zum erstenmal von zu Hause ausgezogen und bist einen guten Weg gegangen. Du bist nach Unterwerfung des «glückhaften» Waldvolks heimgekehrt, ohne Mann und Pferd geschädigt und überanstrengt zu haben. Ich schenke dir das Volk* (Kirgisen oder Oirat).[82] Doch nicht bei allen Völkern, die in der sibirischen Taiga lebten, hatten die Mongolen ein derart leichtes Spiel. In den dichten, unheimlichen Wäldern sahen sich die Steppenkrieger ungewohnten Gefahren ausgesetzt. Das kleine Volk der Tumat zum Beispiel leistete erbitterten Widerstand. In einem Hinterhalt wurde der Noyon Borohul, der die Mongolen befehligte, niedergemacht. Die sieggewohnte Truppe wandte sich zur Flucht. Als Dschingis Khan von den Vorfällen hörte, geriet er, wie die Geheime Geschichte berichtet, in «höchste Wut» und wollte persönlich das Kommando übernehmen. Doch Bo'ortschu und Muhali rieten ihm ab. Dorbai, mit dem Beinamen «der Brutale», wurde beauftragt, die Disziplin wieder herzustellen. Die Heeresgruppe wurde mit Äxten, Sägen und anderem Spezialgerät ausgerüstet. Jeder Krieger mußte zehn Ruten auf dem Rücken mit sich tragen; versagte nur ein einziger Mann, wurden alle Soldaten seiner Einheit ausgepeitscht. So gelang es, die Tumat endgültig zu besiegen. Da sich der Stamm schon einmal unterworfen, dann aber wieder rebelliert hatte, statuierte Dschingis Khan ein Exempel. «Für Borohuls Leiche opferte er hundert Tumat.» [83]

Wenden wir uns nach Süden und Osten. Der chinesische Kulturbereich, das Land der Schätze und einer uralten Zivilisation, zerfiel zu Dschingis Khans Zeiten in drei große selbständige politische Einheiten. Es gab den Staat der Tangut (chin. Hsi-Hsia). Südlich der Wüste Gobi gelegen umfaßte das Königreich den großen Bogen des Huang-ho, des Gelben Flusses, das sogenannte Ordos-Gebiet, und den größten Teil der heutigen chinesischen Provinz Kansu. Die Tangut, ein Volk alttibetischer Herkunft, hatten unter chinesischem Einfluß eine eigenständige Kultur mit einer eigenen Schrift entwickelt. Sie bekannten sich zum Buddhismus. Die Hauptbeschäftigung der Bevölkerung – Tangut, Uiguren, Chinesen – waren Ackerbau, Viehzucht und Handel (über die Seidenstraße). Die Tangut lebten in befestigten Siedlungen; sie selbst bezeichneten sich als ein Stadtvolk. (Den Truppen Dschingis Khans wird es nicht gelingen, die mit Wall und Mauer umgebene Hauptstadt Ning-hsia im Sturm zu nehmen.) Das Königreich Tangut war zwar im 11. Jahrhundert zu einer starken Militärmacht geworden, es erwies sich nun aber als schwach und hatte eine unentschlossene Führung. Im Kampf gegen die Eroberer aus dem Norden nahm der Staat der Tangut eine eher zwiespältige Haltung ein und wurde zu gegebener Zeit um so gründlicher vernichtet.

Der zweite Staat auf dem Boden des alten China war das Kaiserreich der Sung. 960 hatte diese nationale Dynastie (des Han-Volkes) die Herrschaft in China angetreten und die Einheit der chinesischen Staaten wiederhergestellt. Dem Ansturm der Dschürtschäten [84], die sich als Goldene Dynastie (chin. Kin) im Norden etablierten, war jedoch auch die gesamtchinesische Sung-Dynastie nicht gewachsen. Ein Mitglied der kaiserlichen Familie entkam und wurde im Schutz der Barriere des Jangtsekiang

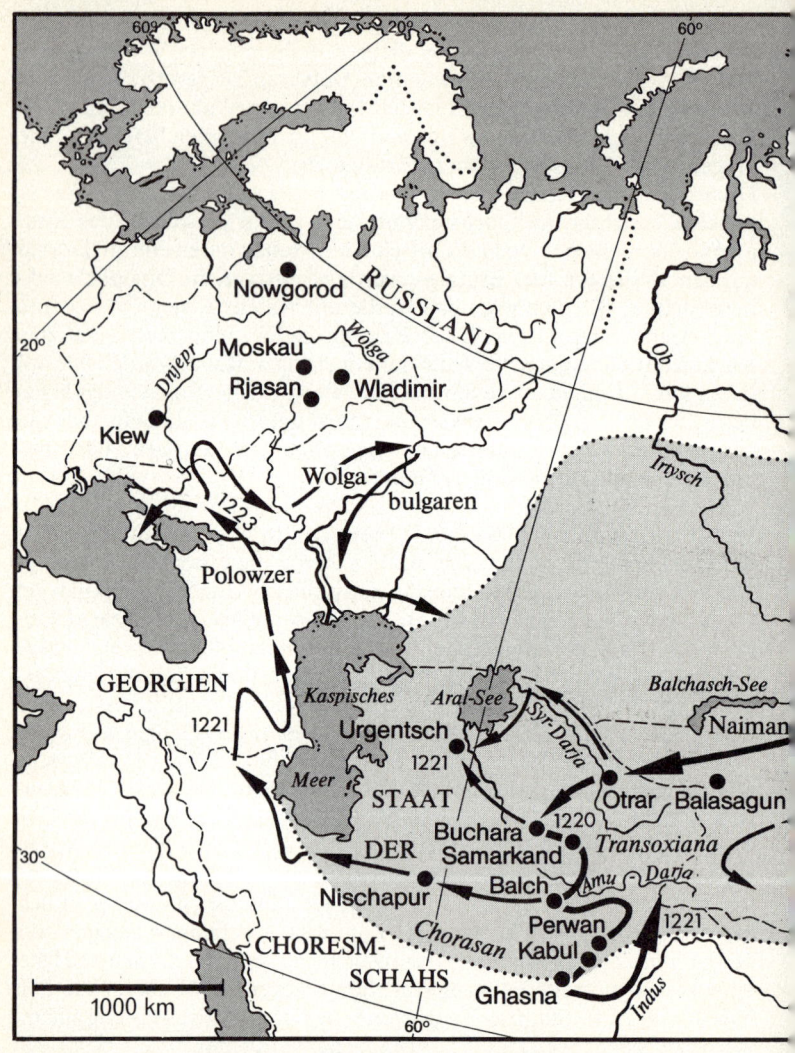

Nowgorod

RUSSLAND

Moskau
Rjasan   Wladimir
Kiew
Wolga

Wolga-
bulgaren

1223

Polowzer

GEORGIEN   *Kaspisches*   *Aral-See*   *Balchasch-See*

1221   Urgentsch   *Syr-Darja*   Naiman

1221

Meer   STAAT   Otrar   Balasagun

DER   Buchara   1220   *Transoxiana*
Samarkand
Nischapur   Balch   *Amu-Darja*

CHORESM-   Perwan   1221
SCHAHS   Kabul
Ghasna   *Indus*

Dnjepr   *Irtysch*   *Ob*   *Chorasan*

1000 km

::::::::: Das Reich Dschingis Khans (1206–1227)

➤ Die wichtigsten Feldzüge Dschingis Khans
    und (schwächere Pfeile) seiner Feldherrn

– – – – – Grenzen der eroberten Staaten

⊓⊔⊓⊔⊓ Große chinesische Mauer

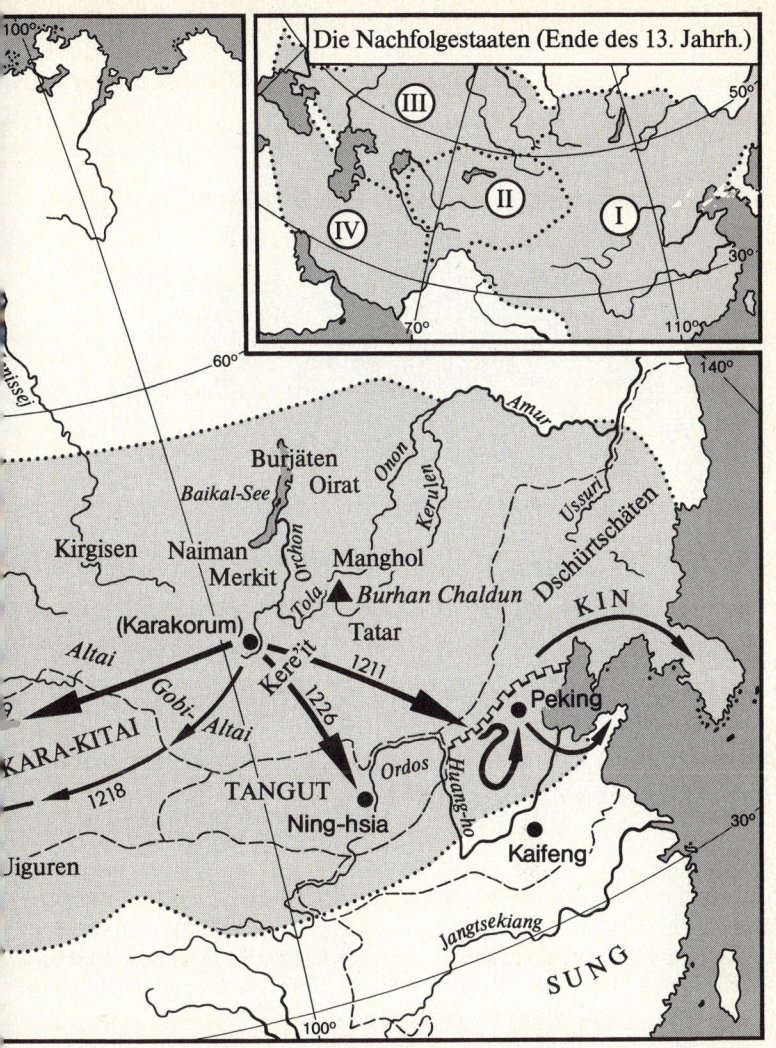

Die Nachfolgestaaten (Ende des 13. Jahrh.)

Ⓘ   Staat Yüan (Ulus des Großkhans)

Ⓘ Ⓘ   Ulus Tschagatai

Ⓘ Ⓘ Ⓘ   Goldene Horde

Ⓘ Ⓥ   Staat der Ilkhane

Dschürtschäten-Krieger. Chinesische Zeichnung

zum Kaiser der Südlichen Sung-Dynastie proklamiert (1127). Dieser Teil
Chinas war von der Expansion Dschingis Khans nicht betroffen. Erst unter Kubilai, einem Enkel Dschingis Khans, fiel auch der Süden Chinas in
die Hände der turkomongolischen Eroberer (1279).

Im Reich Kin, dem dritten chinesischen Staat, hatten unzivilisierte
fremdstämmige Völker – also «Barbaren» – aus dem Norden schon vor
dem Einfall Dschingis Khans das eigentlich Chinesische zunächst zurückgedrängt oder überlagert. Später jedoch paßten sie sich der Kultur an, die
sie vorfanden. Das traf sowohl auf die mongolischen Kitan wie für die
Dschürtschäten zu. Die schließlich sinisierten und damit gezähmten, ge-
sitteten Kitan waren dann der neuen Barbarenwelle der Dschürtschäten
nicht gewachsen. Eine zweite Barbarenschicht drängte sich über die er-

ste. Mit dem Ausdruck «Barbaren» wird allerdings die Charakterisierung der Angreifer durch die besiegten Han-Chinesen übernommen. 1124, also knapp hundert Jahre vor dem Zeitraum, der uns hier beschäftigt, schilderte ein chinesischer Botschafter die Dschürtschäten herablassend so: «Die Residenz des Khans ist von Weiden und Herden umgeben. Es gibt weder Wälle noch Straßen, noch Gassen, nur einen Zaun, der das Lager oder die Unterkunft des Herrschers umgibt. Der Khan sitzt auf einem mit zwölf Tigerfellen bedeckten Thron. Barbarenfeste mit Zechgelagen, Musik, wilden Tänzen, Jagd- und Kampfpantomimen und, höchster Luxus dieser Waldmenschen, geschminkte Frauen, die mit Spiegeln jonglieren, um damit Lichtblitze auf die Zuschauer zu werfen» (das Spiel der Göttin des Blitzes).[85] Zu diesem Zeitpunkt hatten die zechenden Barbaren nicht nur die gesamte Mandschurei in Besitz genommen, sondern auch die Stadt Peking erobert. Wieder sind es die Russen, die der chinesischen Geschichtsschreibung entgegentreten. Der sowjetische Archäologe und Historiker Alexej Okladnikow schreibt: «In der Tat stellen die chinesischen Autoren alles auf den Kopf. Die Dschürtschäten haben ja Nordchina deshalb erobert und so verblüffende Erfolge im Kampf mit der Sung-Dynastie erzielt, weil sie lange vor diesem Zusammenstoß mit China einen ausgezeichnet organisierten und mächtigen Staat gegründet hatten ... Nachdem die Dschürtschäten die Höhen der damaligen Kultur Ostasiens erreicht hatten, ließen sie natürlich vieles vom früheren Leben ihrer Vorfahren hinter sich. Trotzdem sehen wir sogar in den Resten ihrer Zivilisation, auf die wir gestoßen sind, das alte Erbe ihrer überlieferten Kultur, die in die Tiefe der Zeiten zurückreicht ... Das Dschürtschätenreich fiel unter den Schlägen seiner Todfeinde, der von Dschingis Khan vereinigten mongolischen Stämme ... In dieser für die Völker Asiens und Osteuropas tragischen Zeit vernichteten die mongolischen Armeen die Kultur der Dschürtschäten und das Volk selbst.»[86]

Über die Große Mauer

Zu Beginn des Schlangenjahres (1209) konnte Dschingis Khan, dessen Ruhm sich in Mittelasien verbreitete, einen wichtigen außenpolitischen Erfolg verbuchen. Die muslimischen Uiguren, Vasallen des Kara-Kitai-Reiches, rebellierten erfolgreich gegen den Gur Khan und boten Dschingis Khan ihre guten Dienste an. Zum erstenmal unterstellte sich ein Volk außerhalb des mongolischen Machtbereichs freiwillig der Souveränität des «ozeangleichen» Herrschers. Das sprach für die Anziehungskraft des geeinten turkomongolischen Staates auf jene Stammesbrüder, die unter fremden Feldzeichen lebten.

Militärisch gesehen war nun die rechte Flanke des Heeres gesichert, das den Sturm nach Süden antreten sollte. Denn zum Krieg gegen China war Dschingis Khan entschlossen, seit ihm die Macht über alle Mongolen zugeflossen war. Das jedenfalls behauptet die zeitgenössische chinesische «Geschichte der Yüan» (Yüan-shi). Nomadische Beutelust, historische Ressentiments, aber auch aktuelle wirtschaftliche Überlegungen spielten bei den Angriffskriegen gegen die chinesischen Territorien eine Rolle.

Durch die langandauernden innermongolischen Fehden hatte die Weidewirtschaft der Nomaden gelitten. Der Viehbestand war zurückgegangen; die Herden mußten aufgefüllt werden. Diesem Zweck hatten schon die ersten Raubzüge in das Gebiet der Tangut gedient (1205, 1207), die reiche Beute einbrachten. Jetzt wollten sich die Steppenkrieger mit Plünderung nicht begnügen; der Staat der Tangut sollte unterworfen werden. Dschingis Khan persönlich führte das Heer, das im Frühjahr 1209 die Wüste Gobi durchquerte und im Mai die Stadt Wolohai im Alaschan-Gebiet einnahm. Dann allerdings erlitten die Mongolen eine Niederlage. In der Hitze des Hochsommers ruhten die gegnerischen Heere. Später wandte Dschingis Khan seine vielfach erprobte Taktik an: Durch eine einfache Kriegslist lockte er den Feind aus seinem stark befestigten Lager, das den Übergang über das Alaschan-Gebirge schützte. Er ließ die Proviantwagen mit kleiner Bewachung in der Ebene stehen. Die Tangut wagten sich aus ihrem Lager und griffen die Wagen an. Die mongolische Reiterei brach aus ihrem Hinterhalt hervor, machte den Gegner nieder und nahm das Lager ein. Der Weg zur Hauptstadt Ning-hsia war frei. (Natürlich haben sich die alten und die modernen Legendenerzähler auch mit

Rast am Karawanenweg

Dschingis Khans kriegslistiger Verworfenheit befaßt. Michael Prawdin, der noch heute vielgelesene Erfolgsautor, berichtet vom Feldzug des Jahres 1207: Es war vor Wolohai. «Dschingis Khan läßt dem Festungskommandanten mitteilen, gegen Lieferung von tausend Katzen und zehntausend Schwalben werde er die Belagerung aufheben. Verwundert veranstaltet der General eine Treibjagd auf alle Katzen und Schwalben der Stadt und übergibt sie den Mongolen. Der Khan befiehlt, allen Katzen und Schwalben Baumwolle an den Schwanz zu binden, diese anzuzünden und die Tiere freizulassen. Die erschreckten Vögel suchen in rasendem Flug ihre Nester auf, die wildgewordenen Katzen sausen in ihre Schlupfwinkel ... Bald brennt die Stadt an allen Ecken und Enden, und zugleich beginnen die Mongolen ihren Generalsturm.»[87])

Für Dschingis Khan waren die Oasenstädte der Tangut entlang dem uralten Karawanenweg der Seidenstraße ein Übungsgelände besonderer Art. Er konnte die Kampfkraft der Armee unter bis dahin unbekannten Bedingungen erproben. Denn zum erstenmal kämpften die Mongolen hier gegen ein seßhaftes und zivilisiertes Volk, das über moderne Verteidigungsanlagen verfügte. Die Hauptstadt Ning-hsia, die Dschingis Khan nun erreichte, war zudem doppelt geschützt, durch Wall und Mauer und durch ihre Lage am oberen Huang-ho. Wochenlang verharrten die Belagerer vor der Stadt. Die Mauern zu bezwingen erwies sich als unmöglich.

71

Schließlich kam ihnen eine Idee. Man konnte den Verteidigern das Wasser abgraben, das heißt, den Gelben Fluß umleiten und die Befestigungen von Land her unter Wasser setzen. Dschingis Khan befahl, einen Damm und einen Kanal zu bauen. Doch der Damm brach, die Wassermassen ergossen sich in die falsche Richtung und überfluteten das Lager der Mongolen (Januar 1210). In der Folge kam es zu Friedensverhandlungen. Der König der Tangut verpflichtete sich zu Tributleistungen, vor allem in Form von Kamelen mit Begleitpersonal. Diese waren für den Nachschub in den kommenden Feldzügen wichtig. Hilfstruppen zu stellen lehnte der Herrscher der Tangut strikt ab. Sein Stadtvolk, sagte er, sei ohnehin nicht in der Lage, der schnellen Reiterei kämpfend zu folgen. Als Zeichen der Unterwerfung gab er Dschingis Khan jedoch eine seiner Töchter zur Frau. Die Tangut schlossen den Frieden nur zum Schein. Bei der nächsten günstigen Gelegenheit erhoben sie sich gegen die Eroberer.

Stärke und Schwäche der Mongolen waren offenkundig geworden. Die Stärke der Armee beruhte zum einen auf strafferer militärischer Organisation und Disziplin, in der die Truppe mit äußerster Strenge gehalten wurde. Im Feldzug gegen die sibirischen Tumat wurden die fliehenden Soldaten noch milde bestraft. Plano Carpini vermerkt, daß alle Krieger, die sich zur Flucht wandten, mit dem Tod rechnen mußten, es sei denn, ein allgemeiner Rückzug wurde befohlen: «Umgekehrt, wenn einer, zwei oder drei sich kühn in den Kampf stürzen und die anderen der dazugehörigen Zehnerschaft folgen ihnen nicht nach, so müssen es die letzteren mit dem Tode büßen, und wenn von zehn Soldaten einer oder mehrere gefangengenommen werden, und die anderen versuchen nicht, sie zu befreien, so werden diese gleichfalls mit dem Tode bestraft.»
Andererseits war es die Taktik Dschingis Khans und seine Gabe, im rechten Augenblick die richtigen Entscheidungen zu treffen, die den Erfolg verbürgten. Kriegskunst und Strategie des Heerführers lassen sich so zusammenfassen: Sorgfältige Erkundung ist die Voraussetzung für das Gelingen eines Feldzugs. Von Improvisation hielt Dschingis Khan nichts. Hier kann man von ganz modernen Methoden sprechen. Über die Verhältnisse in China zum Beispiel wußten die Mongolen sehr genau Bescheid, noch ehe sie die Große Mauer überwanden. Kaufleute, die überall im Orient als Kundschafter dienten, weil sie mit ihren Karawanen das Reich Kin regelmäßig besuchten, wurden als China-Beobachter angeworben. Überläufer, unzufriedene chinesische Beamte oder Kitan, deren Vorfahren in Peking geherrscht hatten und die von den neuen Herren Nordchinas benachteiligt wurden, brachten wertvolle Informationen, die sorgfältig ausgewertet wurden.
Beim Angriff der Mongolen spielten die überkommenen Listen der passionierten Jäger die beherrschende Rolle. Die Schlachten zwischen der Transoxiana und der ungarischen Ebene, in denen die Steppenmen-

Helm der Mongolen mit Nackenschutz

schen siegreich waren, sind als gigantische Treibjagden geschildert worden. Plano Carpini: «Sobald sie den Feind entdecken, greifen sie an, und jeder schießt drei oder vier Pfeile ab. Wenn sie sehen, daß sie den Gegner nicht zersprengen können, ziehen sie sich zurück, doch nur, um sich verfolgen zu lassen und den Verfolger so in eine vorbereitete Falle zu locken ... Wenn der Gegner sich verteidigt, öffnen sie ihre Reihen, um ihm den Durchgang freizugeben und ihn fliehen zu lassen. Dann nehmen sie die Verfolgung auf und töten so viele, wie sie nur können. Doch einem Handgemenge gehen sie nach Möglichkeit aus dem Weg. Sie sind nur darauf aus, Menschen und Pferde mit Pfeilen niederzustrecken.»

Natürlich wirkten die «Jäger» auch durch ihre äußerliche Erscheinung wie lähmend auf den Verteidigungswillen der Gejagten. Die gedrungene Gestalt des Mongolen mit den gebogenen Reiterbeinen, sein breites Gesicht mit den hervorstehenden Backenknochen und der platten Nase, die Schlitzaugen, die schwarzen, strähnigen Haare und der spärliche Bartwuchs flößten den westlichen Augenzeugen des Mongolensturms Widerwillen und Entsetzen ein. Bewaffnet war jeder Reiter mit ein oder zwei Bogen und Pfeilen in den Köchern, dazu nach Wahl mit Krummsäbel,

Eisenkeule, einer Lanze mit einem Haken, dazu bestimmt, den Gegner aus dem Sattel zu zerren, oder einem Lasso aus Pferdehaar. Er trug einen Helm mit Nackenschutz und einen Harnisch aus schwarz gefärbten Lederstreifen. So stiegen die Wilden aus dem Tartaros ans Tageslicht empor, preschten auf ihren ebenfalls kleinen, aber ausdauernden Pferden unerwartet heran, entfalteten sich schweigend auf breiter Front, verharrten für eine kurze Zeit und traten dann, auf ein Zeichen der Standartenträger, mit höllischem Geschrei zum Angriff an.

Der Angriff, so lautete Dschingis Khans Militärdoktrin weiter, muß den Gegner überraschen. Die Kräfte des Feindes sind nach Möglichkeit aufzusplittern. Spezialeinheiten sorgten dafür, daß die Hinterhalte gelegt und die Fallen, wie für das Jagdwild der Steppe, gestellt wurden. Ein beliebtes taktisches Mittel war die vorgetäuschte Flucht, wobei die Mongolen oft mehrere Tage lang auswichen, bis der Gegner unvorsichtig geworden war. Dann bestiegen sie frische Pferde, wendeten und gingen zum Angriff über. Auf einer Scheinflucht zog sich die Armee oft so weit auseinander, daß sie den Feind unbemerkt umgehen konnte. Nicht selten setzten die Mongolen das trockene Steppengras in Brand und traten durch Flammen und Rauch gedeckt zum Angriff an. In jedem Fall erkämpfte die unglaublich bewegliche Reiterei – Massen berittener treffsicherer Bogenschützen – den Sieg. Allerdings war es ein Grundsatz

Verfolgung. Chinesisch-mongolische Pinselzeichnung, 1314

Dschingis Khans, niemals sein gesamtes Heer in einer einzigen Schlacht
einzusetzen. (Darin unterschied er sich von den Reiternomaden des Al-
tertums und von den Hunnen.) Durch die Niederlage einer einzelnen
Heeresgruppe wird das Unternehmen als Ganzes nicht gefährdet. In dem
Land, das erobert werden soll, operieren nach einem gemeinsamen Plan
mehrere Truppenkontingente; ihr Zusammenwirken gewährleistet den
Erfolg.

Die Schwächen der mongolischen Eroberer hingen mit der Natur der
Nomaden zusammen, deren Charakteristikum die Unbeständigkeit ist.
Langwierige Belagerungskünste lagen den ungeduldigen Reitern nicht;
technische Hilfsmittel suchten sie sich zwar anzueignen, sie meisterten sie
jedoch in der Regel nicht. (Schweres Belagerungsgerät, Rammböcke und
Katapulte, war seit langem im Gebrauch. Zu Dschingis Khans Zeiten
hatten die Chinesen, mit Hilfe des Schießpulvers, eine «Feuerschleuder»
entwickelt, die später von den Mongolen übernommen wurde. Feuer-
waffen gab es noch nicht.) Allerdings: Dem Kriegsruhm und den militärischen Erfolgen der Mongolen tat dieser Mangel an technischem
Verständnis keinen Abbruch. Chinesische oder muslimische Ingenieure
standen bald zu Diensten, und als Inseln inmitten eines besetzten und
verwüsteten Landes konnten sich die belagerten Städte ohnehin nie lange
halten. Not, Furcht und Kollaboration öffneten Festungstore.

Am Rande der Wüste Gobi

Zu allen Zeiten hatten Nomaden aus dem Norden chinesisches Territorium heimgesucht und sich, beutebeladen, wieder zurückgezogen. Schutz vor solchen Einfällen sollte die Große Chinesische Mauer[88] bieten, das erstaunlichste Festungswerk der Geschichte, Symbol auch für die Abgeschlossenheit, in der sich die chinesischen Dynastien gefielen. Mit der Unterwerfung der Tangut hatten sich die Mongolen der Großen Mauer auch von Nordwesten her genähert. Der Krieg gegen das verhaßte und gefürchtete Goldene Imperium konnte beginnen. Dschingis Khan kehrte in die Mongolei zurück, um letzte Vorbereitungen zu treffen.

Am Hofe der Kin galt der Mongole noch immer als Untergebener, den man sogar einmal für würdig befunden hatte, einen chinesischen Titel zu tragen (vgl. Kapitel «Kampf um die Alleinherrschaft»). Dschingis Khan beeilte sich nun, diesen schmählichen Zustand zu beenden. Die Gelegenheit dazu ergab sich schnell. In Peking hatte ein Thronwechsel stattgefunden. Im Lager der Mongolen erschien ein Abgesandter des neuen Kaisers Chung-hei mit dem Manifest über den Regierungsantritt. Als Schutzbefohlener des Goldenen Kaisers sollte Dschingis Khan die Mitteilung mit einem Kotau entgegennehmen. Der Khan verweigerte den Kniefall mit dem Gesicht am Boden in Richtung Süden. Statt dessen beleidigte er Chung-hei, spuckte gen Süden aus, schwang sich auf sein Pferd und ritt davon, berichtet die «Geschichte der Yüan». Im März des Schafjahres (1211) trat am Ufer des Kerulen ein neuer Reichstag zusammen. Dschingis Khan nahm die Huldigung aller Völker entgegen, die sich unter seinem Befehl zusammengeschlossen hatten. Er präzisierte die Gründe, die für einen Feldzug nach China sprachen. Da war zunächst die Aussicht auf reiche Beute. Ein Präventivschlag schien angezeigt, denn auch ohne die schwere Beleidigung seines Kaisers würde sich das Reich Kin wohl kaum auf Dauer mit den neuen Machtverhältnissen bei seinem mongolischen Nachbarn abfinden, die es als Bedrohung empfinden mußte. Wichtiger noch: Der Krieg gegen die Dschürtschäten würde unter den geeinten Mongolen das Gefühl der nationalen Zusammengehörigkeit stärken. Deshalb griff Dschingis Khan in die jüngste Geschichte und erinnerte an die in der Vergangenheit erlittene Schmach. Sie zu rächen sei eine nationale Pflicht. Es war nicht schwer, die versammelte Aristokratie der Steppe und der Wälder zu überzeugen. (Die Schmach lag nur ein halbes Jahrhundert zurück: Ambaqai, Nachfolger des mongolischen Einigungsfürsten Kabul Khan, war in die Hände der Dschürtschäten gefallen und auf schimpfliche Weise hingerichtet worden – er wurde an einen hölzernen Esel genagelt.) Ehe Dschingis Khan in den nationalen Rachekrieg zog, stieg er auf den Gipfel des heiligen Berges Burhan Chaldun und rief die Hilfe des Tengri an: *O ewiger Himmel! Du weißt, daß Altan Khan der Wind ist, der den Aufruhr entfacht und den Streit angefangen hat. Grundlos hat er den Ökin-Barqaq und den Ambaqai Khan hingerichtet, welche die Tatar ergriffen und ihm ausgeliefert haben. Diese aber waren die älteren Verwandten meines Vaters und meines Großvaters, und ich will nur ihr Blut rächen.*[89]

Unmittelbar nach dem Reichstag sammelte Dschingis Khan das Heer und zog durch die Wüste Gobi nach Süden. Kampflos überwanden die Mongolen bei Kalgan (nordwestlich von Peking) die Große Mauer (Juni 1211). Die Öngüt, ein türkischer Volksstamm, die das Vorfeld verteidigen sollten, hatten keinen Widerstand geleistet. Die militärischen Operationen im Reich Kin sollen hier nicht im einzelnen nachgezeichnet werden. Der Krieg gegen die Dschürtschäten dauerte mit kurzen Unterbrechungen sechzehn Jahre, bis zu Dschingis Khans Tod (1227), und wurde erst durch seinen Nachfolger Ogodai erfolgreich beendet (1234). Die Gründe dafür sind in der Eigenart der Angreifer zu suchen, die wir aufgezeigt haben. Im offenen Gelände wurde jeder Widerstand schnell gebrochen, an den Mauern der Städte prallten die siegestrunkenen Reiter erst einmal ab. Zudem erwiesen sich die Dschürtschäten (vor einem knappen Jahrhundert erst waren sie selbst in China eingefallen) als ebenbürtige Krieger, deren Kampfgeist in der kurzen Zeit ihrer Seßhaftigkeit nicht gelitten hatte. Zweimal wurde Peking (mongolisch Dschung-du oder Zhongdu)

Die Große Chinesische Mauer

belagert. Während der ersten Belagerung erlitt das mongolische Heer durch Hunger und Seuchen starke Verluste.[90] Dennoch konnte Dschingis Khan günstige Friedensbedingungen erreichen (Frühjahr 1214). Für den Abzug der Mongolen aus dem Reich Kin zahlten die Dschürtschäten einen hohen Preis: Gold, Silber, Seide, 3000 Pferde, 500 Knaben und Mädchen als Sklaven und eine Prinzessin für Dschingis Khan selbst. Kaum waren die Mongolen abgerückt, verließ der Kaiser Peking und verlegte seine Residenz nach der weniger gefährdeten Stadt Kaifeng, südlich der natürlichen Verteidigungslinie des Gelben Flusses. Dschingis Khan

wurde mißtrauisch. Wollte der Altan Khan im Süden neue Kräfte sammeln, um dann die Mongolei anzugreifen? Das mongolische Heer kehrte eilends zurück, Peking wurde zum zweitenmal eingeschlossen (Winter 1214). Im Jahr darauf ergab sich die ausgehungerte Stadt. Unter der hilflosen Bevölkerung richteten die Eroberer ein Blutbad an; Tausende wurden niedergemetzelt, Frauen und Mädchen stürzten sich in Massen von den Festungsmauern in die Tiefe, um der Sklaverei zu entgehen. Vier Wochen dauerten die Plünderungen. Ein Großteil der Stadt ging in Flammen auf.

Der Kontrast: «Barbaren» stoßen auf die urbane Zivilisation. Stadtleben in China im 13. Jahrhundert. Chinesische Zeichnung

Die Mongolen töteten und brandschatzten gewiß nicht aus Sadismus, bemerkt René Grousset, sondern weil sie, aus der Fassung gebracht, nichts anderes zu tun wußten. Die Massaker von Peking zeugten davon, wie hilflos die Steppenbewohner reagierten, als sie plötzlich und ohne Übergang in den Besitz der alten Länder mit urbaner Zivilisation gelangten. Sie hatten keine Ahnung, was sie mit einer großen Stadt anfangen sollten, sie verstanden es nicht, sie zur Konsolidierung ihrer Macht zu nutzen. Nicht alle Führer der Mongolen bereicherten sich eigenmächtig. Schigiqutuqu, der Adoptivsohn Dschingis Khans, Hüter und Schriftführer der *Jassah,* lehnte es ab, sich einen Teil der in Peking erbeuteten Schätze anzueignen und wurde dafür gelobt: *Du bist dir der großen Treuepflicht bewußt gewesen.*[91] Grousset fährt fort: «Betrachtet man die Mongolen Dschingis Khans als ‹Privatpersonen›, so erweisen sie sich keineswegs als schlechte Menschen; sie gehorchen einem *Jassah,* der ein Kodex der Ehre und der Sittsamkeit ist. Unglücklicherweise waren sie im Vergleich zu den alten Horden, deren Nachfolge sie antraten, den Kitan des 10. Jahrhunderts und selbst den Dschürtschäten des 12. Jahrhunderts, außerordentlich rückständig. Diese hatten nach einem Minimum an Massakern sofort den Platz der vorangegangenen Dynastien eingenommen und es vermieden, alles zu zerstören, was nun ihr Eigentum wurde. Die Mongolen Dschingis Khans waren bestimmt nicht grausamer als ihre Vorgänger – sie waren durch ihren *Jassah* sogar mehr in der Zucht und durch den Einfluß Dschingis Khans viel besonnener und mehr auf die Einhaltung moralischer Gesetze bedacht –, doch sie waren unendlich hemmungsloser in der Zerstörung, einfach deshalb, weil sie in stärkerem Maße Barbaren waren, weil sie die Nachhut der Barbarei darstellten. Da ist die erstaunliche, wenn auch natürliche Mischung von persönlicher Weisheit, ja Mäßigung des Führers mit der Grausamkeit seiner Erziehung, seinen ererbten Reaktionen und den Sitten seiner Umgebung. Da ist der Kontrast zwischen dem ausgewogenen Charakter der Regierung Dschingis Khans, der gesunden Menschenverstand walten läßt und geltendes Recht beachtet, und den brutalen Reaktionen eines primitiver Wildheit kaum entwachsenen Volkes, das die Unterwerfung der Feinde nur durch Terror zu erreichen sucht, das im Menschenleben keinen Wert sieht und, weil es ein Nomadenvolk der Steppe ist, keine Vorstellung hat vom Leben der Seßhaften, den Existenzbedingungen der Städte, den Ackerbaukulturen.»[92]

Die unmittelbaren Folgen der mongolischen Eroberung waren für China verheerend. Die Verwüstungen des Krieges, die Versklavung der Bauern, die Übergriffe der Noyonen, die Felder in Jagd- und Weidegründe verwandelten, führten zu einer Landflucht großen Ausmaßes, so daß diese begrenzte Zeit als die Periode des «Ruhens des Ackerbaus» in die chinesische Geschichte eingegangen ist.

Es steht nicht im Widerspruch zu dem Gesagten, daß Dschingis Khan und seine Mongolen von den Chinesen, wie von anderen unterworfenen Völkern, auch zu lernen versuchten, daß sie sich nicht nur für deren Kriegstechnik interessierten, sondern, nicht zuletzt, von den zivilen und staatlichen Einrichtungen profitierten, die sie in dem eroberten Land vorfanden. So machten sie sich die chinesische Bürokratie zunutze, das Steuerwesen, den musterhaften Verwaltungsapparat.

In den Ländern des Islam

Zu keiner Zeit hatte Dschingis Khan einen festumrissenen Plan, die ihm bekannte Welt mit Krieg zu überziehen, Land für Land zu erobern und die unterworfenen Gebiete seinem Machtbereich einzuverleiben. Die jeweilige politische und militärische Lage bestimmte den Weg, den die mongolischen Heere nahmen. Natürlich führten die Erfolge zu einem hybriden Rausch der Macht, in den sich alle großen Eroberer hineingesteigert haben, die der entfernten und die der jüngeren Vergangenheit. Auch der Feldzug in China war zunächst nur ein Rache- und Beutezug; territoriale Forderungen stellte Dschingis Khan erst im Verlauf des Krieges. Der Feldherr Muhali wurde beauftragt, die militärischen Operationen im Süden fortzusetzen, denn Dschingis Khan kehrte im Frühjahr 1216 nach der Mongolei zurück. Die Lage im Westen des Reiches nahm seine Aufmerksamkeit voll in Anspruch.

Denn ein persönlicher Feind aus vergangenen Tagen hatte im benachbarten Staat Kara-Kitai die Macht an sich gerissen. Es war Kütschlüg, ein Sohn des letzten Königs der Naiman, die Dschingis Khan in jenem Gemetzel am Felsen Nahu besiegt und zerstreut hatte. Kütschlüg hielt sich zunächst am Schwarzen Irtysch verborgen und floh dann weiter nach Westen zu den Kara-Kitan, wo er das Vertrauen des Gur Khan gewann. Doch der Naiman, dem der Gur Khan seine Tochter zur Frau gegeben hatte, mißbrauchte das Vertrauen seines Schwiegervaters auf schmähliche Weise. Er tat sich mit Sultan Muhammed II. von Choresm zusammen, der nominell noch immer Vasall des Kara-Kitai-Reiches war, jetzt aber gegen seinen Lehnsherrn zu Felde zog. Kütschlüg gelang es, den Gur Khan zu entmachten (1211) und den östlichen Teil Turkestans in seine Gewalt zu bringen. So wurde die muslimische Bevölkerung dieser Region neuerlich von fremden Herren regiert. Schlimmer noch: Hatten die Kitan ihre Untertanen vergleichsweise milde behandelt, so entpuppte sich der Naiman als ein Despot, der den Muslimen gar ihren Glauben nehmen wollte. Kütschlüg war, wie viele Naiman, ein nestorianischer Christ. Unter dem Einfluß seiner Frau trat er zum Buddhismus über, und er verlangte von den Muslimen, sie sollten sich entweder zu Buddha, dem Erleuchteten, oder zur Lehre Jesu bekennen. Als die Verehrer Allahs dies ablehnten, kam es zu gewalttätiger religiöser Unterdrückung. Als Kütschlüg zudem die zer-

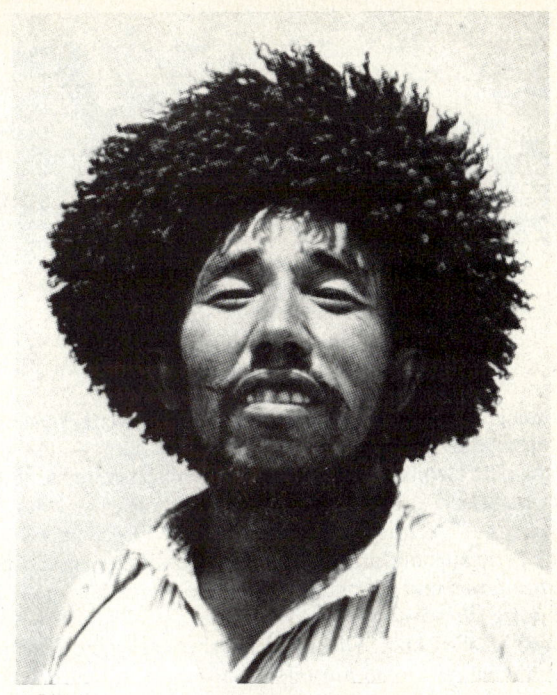

Der Sultan von Choresm war Turkmene

streuten Naiman sammelte und aus ihnen ein Heer zusammenstellte, sah Dschingis Khan die westlichen Grenzen seines Reiches bedroht. Er beauftragte den Noyonen Dschebe, seinen fähigsten Feldherrn, dem Treiben Kütschlügs ein Ende zu bereiten. Mit 20 000 Mann griffen die Mongolen an. Sie wurden von der muslimischen Bevölkerung als Befreier begrüßt. Dschebe verkündete das Gebot Dschingis Khans, jedwede Religion zu achten. Im übrigen hielt Dschebe seine Reiter in strenger Disziplin und verhinderte Plünderungen. Kütschlüg wurde auf der Flucht getötet (1218). Dschingis Khan nahm Ostturkestan in Besitz. Die Mongolen waren nun Nachbarn des ausgedehnten choresmischen Reiches.

Dschingis Khan war an gutnachbarlichen Beziehungen zu Choresm, am wirtschaftlichen Austausch mit den reichen Oasenstädten der Transoxiana[93] interessiert. Der kriegerische Zusammenstoß wurde von den Choresmiern provoziert. In dieser Einschätzung stimmen die zeitgenössischen Quellen, auch die muslimischen Chronisten, und die moderne Forschung überein. Vom Vorteil des Handels mit den uralten Zentren einer hohen Zivilisation hatte sich Dschingis Khan durch seine islamischen,

Reiche Mongolen mit ihren Waren (um 1920)

meist uigurischen Berater und durch die weitgereisten uigurischen Kaufleute überzeugen lassen. Im Gegensatz zum Sultan von Choresm waren
auch die Großkaufleute seines Herrschaftsbereichs und die mit ihnen ver-
bundenen Feudalherren am Warenverkehr mit den Mongolen interessiert. Als Nachrichten von den Erfolgen Dschingis Khans in Nordchina in
der Transoxiana eintrafen, stellten Kaufleute aus Buchara eine Karawane
zusammen und schickten sie zum Feldlager des Khans in China. Auf groß-
zügige Weise wurden die Waren bezahlt. Dschingis Khan erteilte den Befehl, im Gegenzug eine mongolische Karawane auszurüsten. Gleichzeitig
ließ er dem Sultan mitteilen, daß er ihn als den Herrscher des Westens
betrachte, so wie er selbst der Herrscher des Ostens sei, und daß er wün-
sche, es möge zwischen ihnen Frieden walten. In der Botschaft hieß es:
*Jetzt, da die Grenzländer zwischen uns von den Feinden gesäubert sind
und von beiden Seiten nachbarliche Beziehungen hergestellt wurden, er-
heischt es die Vernunft, daß der Weg zur Eintracht gebahnt wird und wir
uns verpflichten, einander zu helfen und die Sicherheit der Wege vor Unheil
zu gewährleisten, damit die Kaufleute, von deren regem Handel der Wohl-
stand der Welt abhängt, in Frieden hin- und herreisen können.*[94] Sultan
Muhammed sah jedoch in Dschingis Khan nur den gefährlichen Rivalen,
der schon in seine Interessensphäre eingedrungen war. Er nahm die ernst
gemeinten Offerten des Mongolen mit großer Zurückhaltung auf, suchte
Zeit zu gewinnen und bereitete unterdessen den Krieg gegen den Herrscher des Ostens vor.

Die Provokation, die den bis dahin massivsten und grausamsten Schlag
Dschingis Khans zur Folge hatte, ist als das Massaker von Otrar in die
Geschichte Zentralasiens eingegangen. Otrar, am mittleren Lauf des Syr-
Darja gelegen, war die erste choresmische Stadt, in der die Karawane
einkehrte, die Dschingis Khan als Freundschaftsgeste auf den Weg geschickt hatte. Der Gouverneur ließ sie überfallen und ausplündern; der
mongolische Gesandte, der mit der Karawane reiste, die muslimischen

Karawanenführer und ihre Begleiter, insgesamt etwa hundert Personen, wurden ·niedergemacht (1218). Die Bluttat wurde mit der Behauptung begründet, die Kaufleute trieben Spionage und suchten unter der Bevölkerung Panik zu verbreiten. Es war jedoch nichts Neues, daß sich Händler, überall in Asien, auch als Kundschafter betätigten. Es wird wohl auch so gewesen sein, daß die Abgesandten Dschingis Khans wortreich mit der Macht und der Unbezwingbarkeit ihres Herrn prahlten. Solche Vorwürfe rechtfertigten indessen keinesfalls diesen Anschlag auf die Sicherheit des freien Warenverkehrs. Die Ermordung eines Gesandten war zusätzlich ein schwerer Bruch des geltenden Völkerrechts. Die Schuld an dem Gemetzel wird dem Sultan zugeschrieben. Die muslimischen Chronisten[95] meinen, ohne Befehl oder Einverständnis Muhammeds habe sein Gouverneur so nicht handeln können. Der Sultan verweigerte die geforderte Genugtuung. Damit war der Krieg unvermeidlich geworden. Wieder erklomm Dschingis Khan den heiligen Berg Burhan Chaldun, verrichtete nach schamanistischem Ritual seine Gebete und beschwor den Himmel: *Ich war nicht der Urheber dieser Beschwernisse. Gib mir die Kraft, Rache zu nehmen.*[96]

Mit mehr als 150 000 Mann brach Dschingis Khan zu seinem Rachezug nach Westen auf. Diese Streitmacht – Mongolen und Hilfstruppen – war doppelt so stark wie das Heer, mit dem er nach China gezogen war. Das zeigt, daß die Mongolen, die kein Risiko eingehen wollten, ihren Gegner überschätzten.

Sultan Muhammed II. Ala ad-Din verfügte zwar über eine weit stärkere Armee, politisch und psychologisch gesehen war er jedoch gegenüber seinem Kontrahenten, der als Führer einer geeinten turkomongolischen Nation auftreten konnte, in einer unvergleichbar schwächeren Position. Denn das Reich des Choresm-Schahs[97] war ein Koloß auf tönernen Füßen. Als administratives Gebilde existierte der Herrschaftsbereich des Sultans in seiner größten Ausdehnung erst seit wenigen Jahren. Afghanistan zum Beispiel war kaum vier Jahre vor dem Angriff Dschingis Khans vollständig Choresm angegliedert worden, Westpersien erst drei Jahre zuvor. Von einer politischen Einheit des unorganisierten jungen Staatswesens, das allein durch die Person des Sultans zusammengehalten wurde, konnte keine Rede sein. Starke Gegensätze gab es innerhalb der heterogenen Bevölkerung. Die seßhaften Iraner und die nomadisierenden Turkstämme standen einander feindselig gegenüber. Uneinigkeit, ja offener Streit herrschte sogar in der Familie des Sultans, einer iranisierten türkischen Dynastie. Die Armee bestand aus Söldnern, die vor allem aus den Turkstämmen rekrutiert wurden. Bei so vielen Streitpunkten, sogar in Angelegenheiten des gemeinsamen islamischen Glaubens, war es kein Wunder, daß das Reich Choresm beim Zusammenstoß mit den mongolischen Invasoren wie ein Kartenhaus zusammenstürzte.

Im Herbst 1219 erreichte Dschingis Khan choresmisches Gebiet. Otrar

Buchara, ein Zentrum der muslimischen Kultur, ging bei der Plünderung in Flammen auf

wurde eingeschlossen. Dschingis Khan erließ einen Befehl, der vor Erstürmung einer belagerten Stadt der Bevölkerung bekanntgegeben wurde. Darin hieß es, Gott habe ihm die Macht über die Erde gegeben: *Wer auch immer sich deshalb unterwirft, soll Gnade haben für sich, seine Frauen und Kinder und seinen Besitz; wer sich nicht unterwirft, soll vernichtet werden mit allen seinen Frauen, Kindern und Verwandten.*[98] Der Gouverneur in Otrar wußte, daß er keine Gnade zu erwarten hatte. Die Stadt fiel nach fünfmonatiger Belagerung; der Gouverneur, der sich bis zuletzt in der Zitadelle verschanzt hatte, wurde gefangengenommen und hingerichtet. Dschingis Khan war mit dem Hauptheer weitergezogen und stand im Februar 1220 vor Buchara. Sultan Muhammed II., der die offene Feldschlacht scheute, konzentrierte seine Truppen in den Städten, denn er hatte davon gehört, wie schwer es den Mongolen in China gefallen war, befestigte Plätze einzunehmen. Deshalb war die choresmische Armee zerstreut und leichter zu schlagen. Denn mittlerweile hatte sich Dschingis Khan der Hilfe chinesischer und anderer Experten versichert, die es verstanden, Türme und Mauern zu überwinden. Zudem kamen die Span-

Dschingis Khan in Buchara.
Miniatur aus einer persisch-mongolischen Handschrift, 13.–14. Jahrhundert

Samarkand kam glimpflich davon

nungen, die im Reich Choresm herrschten, nun zum Ausbruch. Die türkische Garnison von Buchara ließ die Einwohner, zumeist Perser, im Stich. Nur 400 Türken verteidigten die Zitadelle; sie wurden schnell überwältigt. Die Bevölkerung, die keinen Widerstand geleistet hatte, mußte die Stadt verlassen und den Mongolen Hilfsdienste leisten. Buchara wurde geplündert; dabei brach ein Brand aus, der die Stadt zerstörte. (Der Fall Bucharas, dieses Zentrums der muslimischen Kultur, hat die Phantasie der zeitgenössischen islamischen Autoren besonders beschäftigt. Dschingis Khan sei, so heißt es gar, in die Hauptmoschee hineingeritten und habe sich den zum Gebet versammelten Gläubigen als «Geißel Gottes» vorgestellt. Sein himmlischer Auftrag laute, die Choresmier für ihre Sünden zu bestrafen. Berichte von der Schändung der Moscheen und der heiligen Bücher der Muslime werden jedoch von der modernen Forschung verworfen, denn sie widersprechen der Politik Dschingis Khans, der befahl, jedwede Konfession zu achten.) Buchara kann als Modellfall gelten. Ergab sich eine Stadt, wurden die Einwohner, entsprechend dem Befehl Dschingis Khans, weitgehend geschont. Leistete die Bevölkerung Widerstand, richteten die Mongolen nach Erstürmung der Stadt ein Blutbad an; die Männer wurden niedergemetzelt, Frauen und Kinder in die Sklaverei verschleppt. Handwerker, Künstler und Gelehrte kamen in jedem Fall mit heiler Haut davon; den muslimischen Klerus tastete Dschingis Khan nicht an (gewisse Sekten ausgenommen). Die Fertigkeiten und Kenntnisse der genannten Bevölkerungsgruppen wußten die rückständigen, aber nicht uneinsichtigen Nomaden für ihre Zwecke zu nutzen; über den Einfluß der Geistlichkeit jedweder Glaubensrichtung waren sie sich im klaren. Für die choresmischen Soldaten gab es meist keinen Pardon, ob sie nun kämpften oder kapitulierten. Bald nach Buchara fiel Samarkand den Mongolen in die Hände. Auch diese Stadt kam relativ glimpflich davon, weil Klerus und Kaufmannschaft gegen den Kampf votierten.[99] Ein schlimmes Schicksal erlitt dagegen Urgentsch, die traditionelle Hauptstadt des choresmischen Stammlandes am unteren Amu-Darja, deren Bürger sich verzweifelt zur Wehr setzten. Nach langwieriger Belagerung wurde Urgentsch erst im April 1221 genommen. Die gesamte Bevölkerung fiel dem anschließenden Massaker zum Opfer, bis auf die Handwerker, die in die Mongolei deportiert wurden. Die Mongolen vollendeten das Vernichtungswerk, indem sie die Stadt mit den Wassern des Amu-Darja überfluteten. Der Sultan war unterdessen nach Süden geflohen. Dschingis Khan setzte die Generale Dschebe und Sübütai auf seine Spur. Sie hetzten den Herrscher, der resigniert darauf verzichtete, zum Widerstand aufzurufen, durch dessen afghanische und persische Besitzungen. Ständig auf der Flucht verbrachte Muhammed II. seine letzten Tage auf einer Insel im Kaspischen Meer. Dort starb er um die Jahreswende 1220/21 an Erschöpfung.

Nach Eroberung der Transoxiana wandte sich Dschingis Khan mit dem

Wer sich freiwillig unterwarf, wurde geschont

Hauptheer ebenfalls nach Süden. Denn mit dem Tod des Sultans war der Krieg noch nicht beendet. Dschalal ad-Din, Muhammeds Sohn, stellte in Ghasna, im Osten Afghanistans, eine neue Armee zusammen. Im Frühjahr 1221 überschritt Dschingis Khan den Amu-Darja und brach in Afghanistan ein.

Entgegen der landläufigen Meinung im Westen ist Afghanistan niemals in seiner Geschichte ein einheitlicher Nationalstaat gewesen. Der geographischen Uneinheitlichkeit dieses Gebiets entspricht die ethnische Vielfalt seiner türkisch-iranischen Bevölkerung (mit indischem Einschlag im Osten). Eine Zentralgewalt, die alle Landesteile beherrscht, hat es – bis in die Gegenwart hinein – südwärts des Amu-Darja nie gegeben. Zu Dschingis Khans Zeiten spielten die Bevölkerung von Chorasan und die Stämme rund um den Hindukusch keine eigenständige politische Rolle.[100] Sie waren ein Teil der arabisch-persischen Welt, die der Mongolensturm nun bedrohte. Dschalal ad-Din fand Unterstützung. Er konnte sogar einen Sieg erringen. Bei Perwan, nördlich von Kabul, schlug er eine Heeresgruppe, die Dschingis Khans Adoptivsohn Schigiqutuqu befehligte. Das Land und die Bevölkerung mußten den Widerstand auf schreckliche Weise büßen. Chorasan wurde verwüstet; Herat, Nischapur, Merw und Balch, klassische Zentren einer uralten Zivilisation, fielen in Schutt und Asche, ihre Einwohner wurden dezimiert, wenn nicht ausgerottet. Bei der Belagerung Bamians wurde der junge Mütügen, der Lieblingsenkel Dschingis Khans[101], getötet. Daraufhin wurde nicht einmal Beute gemacht, sondern alles zerstört, jegliches Leben ausgelöscht.

Gründe für die grausame Wildheit der Eroberer wurden aus Anlaß der Einnahme Pekings schon genannt. In den Ländern des Islam waren Exzesse an der Tagesordnung. Gingen die Mongolen zum nächsten Angriff über, trieben sie die Menschen, deren sie gerade habhaft geworden waren, als Deckung aus Fleisch und Blut vor sich her. Der Aderlaß, den die Bevölkerung Ostirans und des heutigen Afghanistan beim Sturm der Dschingiskhaniden erlitt, war so gewaltig, daß sie sich viele Generationen lang nicht erholte.[102] Nicht nur der Widerstand trieb die Horden dazu, Menschen wahllos zu massakrieren, die lange Dauer des Feldzugs förderte die Barbarei, so wie jeder Krieg die niedrigsten Instinkte weckt und auch den «modernen» Soldaten verrohen läßt.

Dschingis Khan hatte das Heer geteilt. Während die Söhne des Herrschers und die Generale in einzelnen schnellen Operationen Chorasan verheerten, setzte der Khan persönlich Dschalal ad-Dins Armee nach, um die Niederlage von Perwan zu rächen. In einem Gewaltritt erreichte er den Indus, als Dschalal sich anschickte, den Fluß zu überqueren. Es kam zu einer Schlacht. Das choresmische Heer wurde vernichtet. Dschalal konnte sich retten, indem er sich zu Pferd in die Fluten stürzte und das andere Ufer erreichte. Das war im Spätjahr 1221, wahrscheinlich Ende November. Die Stelle am Ufer des Indus, südlich von Peschawar, von der aus Dschalal die Flucht durch den reißenden Strom wagte, wird noch heute «Roßsprung» genannt. Das Felsgeröll in der Nähe heißt «Dschalals Wüste». Die Mongolen brachen die Verfolgung ab. Die Familie Dschalals war in die Hände des Feindes gefallen. Dschingis Khan ließ die Kinder männlichen Geschlechts des Choresmiers töten, berichten die persischen Quellen. Andererseits sind diese Worte über den mutigen Sohn Sultan Muhammeds überliefert: *Nur solche Söhne müßte ein Vater haben.*[1]

Nach Osteuropa

«Das Tatarenjoch war nicht nur zerdrük-
kend, sondern auch entehrend und verzehrte
die Seele des [russischen] Volkes, das ihm
zum Opfer fiel.»   Karl Marx

Am Indus, den einst der junge Alexander überschritt, hatte Dschingis
Khan haltgemacht. Im Süden des Hindukusch schlug der Mongole sein
Lager auf, ehe er, langsamen Rittes, in die Heimat zurückkehrte. Der
Sechzigjährige spürte die Strapazen des Feldzugs. Den Krieg im Westen,
den Dschalal ad-Din noch jahrelang führte, überließ der Herrscher sei-
nen Söhnen und den Generalen.

Dschebe und Sübütai waren nach dem Tod Sultan Muhammeds weiter-
gestürmt. Sie hatten sich im nördlichen Persien getummelt und waren von
Süden her in den Kaukasus eingedrungen, wo sie die christlichen
Georgier schlugen. Dann fielen sie mit 30 000 Reitern in die Steppen des
Vorderen Kaukasus ein (Frühjahr 1222). Dort und in der Schwarzmeer-
steppe nomadisierte ein Turkvolk, das die benachbarten Russen Polowzer nannten.[104] Anfangs beschworen die mongolischen Generale die turkomongolische Bruderschaft, bewogen so die Polowzer zur Neutralität
und konnten die kleinen Stämme der Region (Alanen, Tscherkessen)
mühelos unterwerfen. Dann zogen sie wortbrüchig auch gegen die Polowzer zu Feld.

Mit feindlichen asiatischen Kriegerscharen hatten die Russen schon Erfahrungen gesammelt. Seit Menschengedenken waren die Polowzer in
russisches Land eingefallen, hatten Beute gemacht und waren, so schnell
sie aus der Steppe auftauchten, wieder verschwunden. Vom ewigen
Kampf gegen die Steppenvölker künden die frühen russischen Heldensa-
gen. Jetzt wandten sich die Polowzer Khane an die südrussischen Fürsten
um Hilfe. Diese erkannten die Gefahr, die auch den Russen drohte. Obgleich Uneinigkeit in Rußland herrschte[105], gelang es, eine vereinigte
Streitmacht aufzustellen. Es beteiligten sich unter anderen die Fürsten
von Kiew, Galitsch und Tschernigow. Nominell hatte der Fürst von Kiew
den Oberbefehl. Zu Beginn des Jahres 1223 rückten die südrussischen
Fürsten mit ihrem Heer in die Steppe aus, den Mongolen oder, wie die

Die Mongolen vor Liegnitz, April 1241. Aufgespießt ist das Haupt Heinrichs II., des Herzogs von Schlesien. Zeitgenössische Darstellung in der Handschrift der Hedwigslegende

Russen sie nannten, den Tataren entgegen. Die Mongolen wandten ihre bewährte Taktik an. Sie wichen zurück und stellten sich erst zur Schlacht, als der Gegner, der sie verfolgte, erschöpft und unvorsichtig geworden war. So lockten sie das russische Heer immer tiefer in die Steppe hinein. Die Russen und Polowzer drangen bis zur Kalka vor, einem kleinen Fluß, der in das Asowsche Meer mündet. Dort stießen sie auf die Mongolen. Eine einvernehmliche Strategie hatten die Russen nicht. Ohne auf das Hauptheer zu warten, stürzte sich Fürst Mstislaw, genannt Udaloj (der Verwegene), mit seinen Gefolgsleuten und den Polowzern sofort auf den Feind, dessen Stärke er nicht einmal kannte. Er rechnete mit einem leichten Sieg, den er seinen Mitstreitern nicht gönnte. Doch die Russen wurden vernichtend geschlagen (31. Mai 1223). Nach dreitägigen Angriffen ergaben sich auch die Verteidiger des russischen Lagers. Entgegen den Zusagen wurden die meisten Fürsten getötet. Über eine besondere Niedertracht der Mongolen berichten die russischen Chroniken: 70 hochgestellte Gefangene wurden zusammengetrieben und zu Bündeln verschnürt. Dann warf man sie zu Boden und legte Bretter über sie. Auf dieser lebenden Unterlage feierten die Tataren ihr rauschendes Siegesfest.

Dschebe und Sübütai verfolgten die Russen bis an den Dnjepr, machten einen Abstecher auf die Krim, wo sie die genuesischen Besitzungen
plünderten, und wandten sich dann nach Nordosten. Am mittleren Lauf
der Wolga hatten sich ehemalige Nomaden, die Wolgabulgaren, angesiedelt. Sie leisteten erfolgreich Widerstand. Dort an der Wolga, dem Strom,
der heute nationales Symbol des Russentums ist, endete der erste Einfall
der Mongolen nach Osteuropa. Dschingis Khans Reiter wendeten ihre
Pferde nach Osten und kehrten durch die kasachischen Steppen in ihre
Heimat zurück.

Der erste Mongolensturm über Europa blieb zunächst ohne politische
Folgen. Fragen werden bis heute gestellt: War Dschebes und Sübütais
Ritt ein gigantisches Erkundungsunternehmen, mit dem Ziel festzustel-
len, welche Völker dort im fernen Westen lebten und wie stark sie waren?
(Wir wissen ja, daß die Aufklärung ein wichtiger Bestandteil der mongolischen Kriegskunst war.) Hatte Dschingis Khan selbst den Befehl erteilt,
über die islamischen Länder hinaus vorzustoßen, oder handelten seine
Generale auf eigene Faust, angetrieben von der Lust der Eroberer, die
scheinbar mühelos ein Hindernis nach dem andern überwanden? Darüber schweigen die mongolischen Quellen. So wissen wir nicht, ob dieser
Feldzug tatsächlich der Auftakt zu den späteren Eroberungskriegen war,
die Europa in Angst und Schrecken versetzten.

Das «Tatarenjoch», dem die Russen unterworfen wurden, fällt nicht in
die Zeit Dschingis Khans. Wir wollen es dennoch skizzieren, denn die
mongolische Fremdherrschaft hat das Gesicht Rußlands entscheidend
und dauerhaft verändert. Sie wirkt, in gewissem Sinne, bis in die Gegenwart nach.

«Furchtbar ist es, meine Kinder, ein Opfer von Gottes Zorn zu werden
... Das Blut unsrer Väter und Brüder hat wie strömendes Wasser die Erde
getränkt. Die Macht unsrer Fürsten und Heerführer ist hingeschwunden
... Unsre Äcker sind von wildem Unkraut überwuchert, und zunichte
geworden ist unsre Macht ... Die Frucht unsrer Arbeit haben Heiden
geraubt. Unser Land ist jetzt Eigentum fremder Barbaren. Wir sind zur
Schmach und zum Spott bei unsern Nachbarn geworden, und unsre
Feinde höhnen uns.» Als Serapion, der Archimandrit des Höhlenklosters
von Kiew, so klagte[106], lag Kiew, «die Mutter aller russischen Städte», in
Trümmern. Es gab in Rußland kaum einen Ort, der nicht von den Mongolen heimgesucht worden war.[107] Nichts schien die asiatischen Horden auf-
halten zu können. Die Mongolen, die in mehreren Heeresgruppen operierten, überrannten Polen und Ungarn. Khan Batu, ein Enkel Dschingis
Khans, und der legendäre Sübütai siegten auf der Puszta von Mohi
(11. April 1241) und nahmen die ungarische Hauptstadt Pest. Ein Unter-
führer schlug bei Liegnitz ein polnisch-deutsches Heer des Herzogs Heinrich II. von Schlesien, der in der Schlacht fiel (9. April 1241). In Mähren

*Großkhan Batu.
Zeichnung auf einer
chinesischen Vase*

kehrte diese Heeresgruppe um und vereinigte sich in Ungarn mit der mongolischen Hauptmacht. Bei Wiener Neustadt und bei Klosterneuburg, ja sogar an der dalmatinischen Küste tauchten Mongolen auf; sie suchten den ungarischen König Béla IV., der nach langer Irrfahrt in Trogir bei Split Zuflucht gefunden hatte. Trogir, auf einer Insel gelegen, war für Batus Reiter unerreichbar. Inzwischen war in der Mongolei der Großkhan Ogodai gestorben. Auf diese Nachricht hin zog Khan Batu mit seinem Heer aus Ungarn ab (Frühjahr 1242), um an der Wahl eines neuen obersten Herrschers teilzunehmen. Europa atmete auf: Dem Tartaros entstiegen, waren die «Tartaren» in ihre Unterwelt zurückgekehrt. Für Rußland allerdings galt dies nicht.

Dort war feudale Zersplitterung an die Stelle der staatlichen Einheit getreten. Eine gemeinsame Oberhoheit, wie zur Zeit des Kiewer Russenreiches (Kiewskaja Rusj), gab es nicht. Die Dezentralisierung der staatlichen Macht, die Folge der Aufsplitterung Rußlands in eine Vielzahl von Teilfürstentümern, kam den Mongolen zupaß. So groß war die Uneinigkeit der russischen Fürsten, daß der Gebieter von Rjasan, des ersten Ziels

*Das Goldene Tor zu Wladimir. Die alte russische Stadt wurde 1238
von den Mongolen zerstört*

beim zweiten Mongolensturm, seine Kollegen im ganzen Land vergebens
um Hilfe anrief. Diesen Egoismus und Individualismus prangerte der Archimandrit Serapion in seinen Predigten an. Für ihn und die meisten seiner Zeitgenossen war das Tatarenjoch die Strafe Gottes für die Sünden
der russischen Fürsten.

Die eroberten russischen Fürstentümer wurden jenem mongolischen
Teilstaat zugeschlagen, der als «Goldene Horde» in die Geschichte eingegangen ist.[108] Die russischen Fürsten waren nun den Mongolen tribut-
pflichtig. Sie mußten persönlich im Lager der Horde an der unteren
Wolga erscheinen, um einen Jarlyk entgegenzunehmen, ein Schreiben
des Khans, das ihnen ihren Rang bestätigte. Als Beauftragte der Mongo-
len durften sie dann ihr Fürstentum weiter verwalten. Großfürst Jaroslaw
Wsewolodowitsch von Wladimir leitete die demütige Unterwerfung der
Russen ein. Er erschien im Ordu Khan Batus und erhielt einen Jarlyk, in
dem er als «Ältester» aller russischen Fürsten anerkannt wurde (1243).
Das war der formelle Beginn des Tatarenjochs. Der Empfang in der
Horde bei Batu war von erniedrigenden Zeremonien begleitet. Ehe die
Fürsten das Zelt des Khans betraten, mußten sie zwischen zwei Feuern
hindurchgehen. Die Mongolen glaubten, das Feuer reinige jeden von arg-
listigen Absichten. Beim Betreten des Zeltes mußte der Fürst vor dem

Khan seinen Kotau machen, das heißt, er mußte sich zur Erde werfen, den Boden mit der Stirn berühren und während der ganzen Audienz auf den Knien ausharren. Mit grausamer Härte bestraften die Mongolen die Mißachtung eines Befehls. Das zeigt ein Vorfall, über den Johann de Plano Carpini berichtet, der sich zur Zeit des Ereignisses im Heerlager des Großkhans aufhielt: «Als neulich (1246) Michael, einer der Fürsten Rußlands (von Tschernigow), gekommen war, um sich Batu zu unterwerfen, befahlen sie ihm, er solle sich vor Dschingis Khan verneigen. – Wir selbst haben ja gesehen, daß sie ihrem ersten Kaiser zu Ehren ein Götzenbild machen, das sie ehrenvoll auf einem Wagen vor dem Ordu aufstellen und dem sie viele Geschenke darbringen. Auch Pferde weihen sie ihm, die bis zu ihrem Tod keiner zu reiten wagt ... – Michael aber erwiderte, er werde sich gern vor Batu und auch vor dessen Dienern verneigen, niemals aber vor dem Bild eines verstorbenen Menschen, weil das die Christen nicht tun dürften. Als er trotz oft wiederholtem Befehl sich nicht verneigen wollte, ließ ihm Batu sagen, er würde getötet werden, wenn er auf seiner Weigerung beharre. Da antwortete jener, er wolle lieber sterben, als etwas tun, das den Christen verboten sei. Darauf sandte Batu einen Mann von der Leibwache, der ihm so lange mit der Ferse gegen das Herz und auf den Bauch stieß, bis er ohnmächtig wurde ... Dann wurde ihm mit einem kleinen Schwerte der Kopf abgeschnitten.»[109]

Ständige mongolische Garnisonen gab es auf russischem Gebiet nicht. Baskaken, die Statthalter des Khans, waren in den Städten stationiert. Sie wachten darüber, daß der Tribut regelmäßig entrichtet wurde.[110] Mit Plünderungszügen, Strafexpeditionen und anderen Repressalien verliehen die Mongolen ihren Forderungen Nachdruck. Direkte Steuern wurden von jedem Haus in der Stadt und von jedem Pflug auf dem Lande erhoben; so floß das russische Silber in die Truhen der Mongolen. Abgaben waren außerdem in Form von Nahrungsmitteln und Gütern des täglichen und des militärischen Bedarfs zu leisten, die der Bevölkerung abgepreßt wurden. Auf Anforderung des Khans hatten die Fürsten ihre Krieger als Hilfstruppen oder als Zutreiber bei den Treibjagden zu stellen, an denen sich die Eroberer ergötzten. Später erwirkte der Moskauer Fürst Iwan I. Danilowitsch das Recht, im Namen des Khans den Tribut aus allen russischen Fürstentümern einzutreiben.[111] Es versteht sich, daß das einfache Volk unter dieser Ausplünderung Rußlands am schwersten zu leiden hatte. Viele Menschen verließen ihre Wohnstätten und flohen in die Wälder. Städte und Dörfer veröddeten oder waren zerstört. Doch schlimmer noch als das allgemeine Elend und die wirtschaftliche Ausbeutung des Landes, die zur Erschöpfung seiner Ressourcen führte, waren die langfristigen Folgen der mongolischen Herrschaft auf geistigem und politischem Gebiet.

Denn die Mongolen hatten die Russen nicht nur unter ihr Joch, sondern auch in die Isolation gezwungen. Die traditionellen Verbindungen

Relikte des Tatarenjochs: Dnjeprkosaken (Ende des 16. Jahrhunderts) mit der mongolischen Stirnlocke (kegul); von daher «Chochol», das beleidigende Schimpfwort von Russen für Ukrainer. Gemälde von Ilja Repin

mit dem Süden (Byzanz) waren abgebrochen. Als unüberwindbares Hindernis blockierte die Goldene Horde den Weg. Brücken zum Westen gab es ebenfalls nicht. Als im Westen, in Deutschland, in Polen, die Gotik in voller Blüte stand, waren die Russen als Vasallen asiatischer Despoten von Europa, seiner Entwicklung und seinen geistigen Strömungen abgeschnitten; nach Rußland ist der Humanismus nicht gedrungen. Rußland kannte Europa nicht; der Westen wußte nicht, was dort im Osten, weit hinter den polnischen Ländern, geschah. Entfremdung und gegenseitiges Mißtrauen waren die Folge. Sie sind bis heute nicht überwunden.

Schwerlich ist abzuschätzen, wie stark die zweihundertjährige asiatische Fremdherrschaft den russischen Volkscharakter prägte. Die Sitten verrohten, die Grausamkeit der Steppenvölker griff auf Rußland über. Die russischen Fürsten gaben die Demütigungen, die sie in der Horde erleiden mußten, an ihre Untertanen weiter. Sklavische Unterordnung wurde verlangt, der Niedere hatte dem Höheren zu gehorchen. So wurde das russische Volk an Willkür und Knute gewöhnt. Überall im täglichen

Leben machten sich asiatische Einflüsse bemerkbar, in der Kleidung, in der Sprache, im höfischen Zeremoniell, im häuslichen Umgang. Die Abgeschlossenheit, in der die russische Frau jahrhundertelang gehalten wurde, ist ein Teil der orientalischen Lebensweise. Der äußeren Erniedrigung entsprachen Lethargie und geistige Stagnation. Das Mongolenjoch trug zur wirtschaftlichen und kulturellen Rückständigkeit Rußlands bei.[112] Trotz aller Resignation und Verzweiflung, die das russische Volk erfüllten, erstarb das russische Leben nicht. Trost fanden die Menschen in ihrem christlichen Glauben. Die griechisch-orthodoxe Geistlichkeit wurde von den Mongolen nicht angetastet und war sogar von der Tributpflicht befreit. Sie predigte Vertrauen auf Gott und ermahnte das Volk zu Geduld im Leiden und zur Untertänigkeit gegenüber der Obrigkeit; die Kirche war es auch, die russische Traditionen bewahrte und in ihren Schulen das nationale Bewußtsein nährte.

In vielen unterworfenen Ländern paßten sich die Mongolen an ihre neue Umgebung an. In China wurden sie schließlich zu «Chinesen», in der arabisch-persischen Welt zu Muslimen. Die slawisch-byzantinische Kultur jedoch blieb den Mongolen fremd. Die rassischen und religiösen Gegensätze waren zu stark. Umgekehrt griffen die Russen, kaum war das Mongolenjoch gefallen, immer weiter nach Osten aus. Der Russe, konstatierte Dostojewskij, voller nationalem Stolz, sei nicht nur Europäer, sondern auch ein Asiate, der dort in Asien eine zivilisatorische Mission zu erfüllen habe.[113] Die Problematik der zwei Naturen Rußlands auf dem eurasischen Kontinent ist unverändert aktuell geblieben, und die Frage, ob der Russe mehr Europäer oder mehr Asiate ist, wird in unserer Zeit immer wieder gestellt.

Leibeigener beim Kotau

Letzter Feldzug und Tod

Die Wintermonate 1221/22 hatte Dschingis Khan in seinem Lager am Hindukusch verbracht. Dort empfing er im Mai 1222 den berühmten taoistischen Philosophen Changchun, einen betagten Einsiedlermönch, den er aus China zu sich gerufen hatte. Von ihm suchte der Mongole, dem die Beschwernisse des Alterns zu schaffen machten, das Geheimnis des langen Lebens zu erfahren (vgl. Kapitel «Mensch und Werk»). An den Tod hatte der tatendurstige Herrscher schwerlich gedacht, bis ihn seine Lieblingsfrau Yesui – Dschingis Khan bereitete den Westfeldzug vor – an die Sterblichkeit eines jeden Lebewesens erinnerte und die Frage der Nachfolge aufwarf: «Du denkst daran, hohe Pässe zu übersteigen, breite

Mongolischer Bogenschütze auf der Jagd. Chinesische Darstellung

Mongolen im Kampf. Timuridische Miniatur, 1398

Ströme zu durchqueren, einen weiten Kriegszug zu unternehmen ...
Doch wenn dein Körper, der dem hohen Baum gleicht, sich zum Fallen
neigt, wem willst du dann deine Hanfstengeln gleichen Völker unterstellen?» Dschingis Khan antwortete: *Wenn Yesui auch nur eine Frau ist, so
hat sie doch etwas sehr Richtiges gesagt. Ich selbst habe daran gar nicht
gedacht, als ob ich meinen Vorfahren nicht einmal nachfolgen müßte. Ich
habe geschlafen, als ob ich nie vom Tod erfaßt werden könnte.*[114]
Allerdings war Dschingis Khan mit seinem Wunsch, Dschotschi, den ältesten Sohn, zum Nachfolger zu machen, innerhalb seiner Familie auf Widerstand gestoßen. Tschagatai, der Zweitälteste, protestierte heftig dagegen, einen «Bastard der Merkit»[115] zum obersten Herrscher zu küren. So
einigte man sich darauf, Ogodai, dem dritten Sohn, die Machtstellung
eines Großkhans zu übertragen und das Reich so aufzuteilen, daß jedem
der vier Söhne, bzw. deren Nachkommen, die *Statthalterschaft* in einem
bestimmten Befehlsbereich zufiel.

Vor seiner Rückkehr in die Heimat kümmerte sich Dschingis Khan um
die örtliche Verwaltung der eroberten Gebiete. Von muslimischen Wür-

denträgern ließ er sich *Sinn und Bedeutung der Städte* erklären, in denen nun mongolische Gouverneure residierten. Erfahrene einheimische Beamte wurden den Mongolen zugeordnet. Das heißt, ein gemischter Aufsichts- und Repressionsapparat sorgte dafür, daß Steuern und Tribut eingetrieben, Truppen ausgehoben und rebellische Regungen im Keim unterdrückt wurden. Mongolische Reiter gab es in Stadt und Land, nachdem die Haupttheere weitergezogen waren, kaum noch. Dennoch brauchte Dschingis Khan mit organisiertem Widerstand nicht mehr zu rechnen. Zu sehr hatten die Menschen unter den Schlägen der Eroberer gelitten; die Furcht vor neuem Unheil lähmte in den Ländern des Islam jegliche Opposition.

Im Herbst 1222 überschritt Dschingis Khan den Amu-Darja. In Buchara ließ er sich die islamischen Dogmen erklären. Er überwinterte in Samarkand.

Während der beiden folgenden Jahre hielt sich Dschingis Khan in den mittelasiatischen Steppen zwischen Syr-Darja und Irtysch auf. Zu seiner und seiner Soldaten Zerstreuung veranstaltete er riesige Treibjagden. Im Frühjahr 1225 war der Herrscher wieder in der Mongolei. In seinem Ordu an der Tola verkündete er neue Verordnungen und Gesetze. Eine der Anordnungen lautete: *Jeder, der, von Stolz aufgeblasen, eigenmächtig nach der höchsten* (kaiserlichen) *Würde trachtet, soll ohne Gnade und Barmherzigkeit hingerichtet werden.*[116]

Im Süden des Reiches gab es Schwierigkeiten, nachdem der Feldherr Muhali, der die Operationen in China zu Ende führen sollte, 1223 gestorben war. Die Tangut hatten rebelliert, und die Dschürtschäten eroberten einen Teil der Gebiete zurück, die ihnen die Mongolen entrissen hatten. Dschingis Khan beschloß einen neuen Feldzug gegen die Tangut, denn ohne den Besitz ihres strategisch wichtigen Territoriums konnte Nordchina nicht «befriedet» werden. Außerdem war noch eine alte Rechnung zu begleichen. Damals, als sich die Tangut geschlagen gaben, gelobten sie Dschingis Khan unverbrüchliche Gefolgschaft, sie weigerten sich jedoch, ihm für den Westfeldzug Soldaten zur Verfügung zu stellen. Höhnische Worte waren seinerzeit gefallen. Asagambu, ein hoher tangutischer Würdenträger, bemerkte, wenn Dschingis Khan nicht genügend Truppen besitze, verdiene er nicht die höchste Macht. Diese Beleidigung hatte der Mongole nicht vergessen.

Im Herbst 1226 brach Dschingis Khan zu seinem letzten Feldzug auf. Yesui begleitete ihn. Zu Beginn der Kampagne ereignete sich ein folgenschwerer Unfall. Auf dem Weg ins Reich der Tangut veranstaltete Dschingis Khan im Winter eine Treibjagd auf die berühmten Wildpferdherden von Arbuha. Er ritt dabei einen Rotschimmel. Als die Wildpferde vorbeigaloppierten, bäumte sich der Rotschimmel auf. Dschingis Khan stürzte vom Pferd. Er fühlte große Schmerzen in seinem Leib, so daß man sofort ein Lager aufschlug. Die Nacht verbrachte der Herrscher *mit Fieber im Leib*. Die Heerführer schlugen vor, den Feldzug abzubrechen. Dschingis Khan war dagegen: *Die Tangut werden sagen, wir seien umgekehrt, weil uns der Mut versagte*. Dennoch schien Dschingis Khan zum Einlenken bereit. Eine Botschaft an Burhan, den König der Tangut, die eher Verhandlungsbereitschaft signalisierte, wurde von Asagambu mit einer schroffen Kampfansage beantwortet. Daraufhin sprach Dschingis Khan, noch immer von schweren Fieberanfällen geschüttelt: *Wo jener so große Worte sagen läßt, wie könnten wir da zurückweichen! Und wenn ich sterben sollte, will ich gehen und ihn beim Wort nehmen. Ewiger Himmel, sei mein Zeuge*.[117] Die Tangut wurden in erbitterten Kämpfen besiegt. Alle Krieger und die Vornehmen ließ Dschingis Khan an Ort und Stelle niedermetzeln. König Burhan ergab sich schließlich dem Sieger; Dschingis Khan befahl, ihn und die gesamte Familie des Königs zu töten. Das einfache Volk der Tangut hatte den Mongolen fortan als Sklaven zu dienen. Es verschwand aus der Geschichte.

Totenklage an der Bahre Dschingis Khans. Persische Miniatur, 15. Jahrhundert

Die Kultstätte von Edschen Choro

Dschingis Khan erlag den inneren Verletzungen, die er bei seinem Sturz vom Pferd erlitten hatte. Das geht aus der Geheimen Geschichte hervor. Der Öffentlichkeit blieb die Todesursache allerdings verborgen, was zu zahlreichen Legenden Anlaß gab.[118] Der Tod ereilte den mongolischen Staatsgründer und Eroberer im August 1227. Über den Todestag liegen unterschiedliche Angaben vor. Wahrscheinlich war es der 18. August.[119] Dschingis Khan wurde 65 Jahre alt. Er starb in seinem Kriegslager im Land der Tangut, denn Dschingis Khans letzter Feldzug war noch nicht abgeschlossen. Entsprechend dem Willen des Toten vollendeten die Mongolen ihr blutiges Zerstörungswerk.

Die Beisetzung des «ozeangleichen» Herrschers ist von Geheimnissen umgeben, die bis heute nicht enthüllt werden konnten. Die Geheime Geschichte vermerkt lakonisch: «Im Schweinejahr (1227) stieg Dschingis Khan zum Himmel auf.»[120] Die Vermutung liegt nahe, daß der Autor der Geschichte absichtlich Einzelheiten überging, die der Würde und dem Nachruhm des großen Toten hätten Abbruch tun können. Der Leichnam wurde auf einen Wagen gesetzt. Er sollte in die Heimat am Onon überge-führt werden. Denn die Bestattung in der engeren Heimat war nach den Vorstellungen der Mongolen von großer Bedeutung: Von dort aus sollte der Geist Dschingis Khans auch nach dem Tod des Herrschers seine Sippe und das ganze Volk beschützen. Alle Lebewesen, die dem Leichenzug begegneten, wurden wahrscheinlich getötet. Marco Polo schreibt: «Es ist üblich, daß diejenigen, welche den Leichnam ihres Khans durch das Land geleiten, alle Personen, die ihnen unterwegs begegnen, erschlagen, indem sie zu diesen sagen: ‹Geht hinüber in die andere Welt und dient dort eurem verstorbenen Herrn.› Denn sie glauben, daß alle, die auf diese Weise getötet werden, wirklich seine Diener im Jenseits sein werden.

«Palast des Dschingis Khan»

Ähnlich verfahren sie mit den Reitpferden des Khans.»[121] Im Ordos-Gebiet, das der Huang-ho in seinem gewaltigen Bogen umschließt, geriet der Leichenzug ins Stocken. Die Räder des Sargwagens staken im aufgeweichten Lehmboden fest; das Gefährt ließ sich nicht mehr bewegen. Die abergläubischen Mongolen erschraken. Wollte der Tote ihnen ein Zeichen geben, daß er an dieser Stelle und nicht in der Heimat begraben werden wollte? Einer der Getreuen flehte den Geist Dschingis Khans an, sein Volk nicht im Stich zu lassen: «... Hast Du, weil das Land hier warm ist, weil Deiner getöteten Feinde hier so viele liegen, Dein altes Volk der Mongolen vergessen? Dein Ordu, Dein goldenes Zelt und Dein Thron, das fruchtbare Volk der Mongolen, Deine Fürsten und Edlen – alles ist dort, wo Du geboren bist. Wir aber wollen Deine, dem Edelstein Jade gleichen Überreste in die Heimat bringen, sie Deiner Gemahlin Börte zeigen und dem Wunsche Deines ganzen großen Volkes willfahren.» Und plötzlich gelang es, den Wagen wieder flottzumachen; es war als hätte der tote Herrscher die Bitte seines Volkes gnädig erhört.[122]

Die Gerüchte sind nie verstummt, daß Dschingis Khan selbst oder Reliquien des Toten im Ordos-Gebiet begraben wurden. Dort, bei Edschen

In der Heimat Dschingis Khans.
Vergebliche Suche nach dem Grab

Choro in der heutigen Inneren Mongolei, gibt es seit Jahrhunderten eine Opfer- und Gedenkstätte für Dschingis Khan, die «Acht Weißen Zelte». Sie erinnern an die Palastzelte, die einst als Katafalke aufgebaut worden waren. Im weißen Doppelzelt «Palast des Dschingis Khan» wurde ein Sarg aufbewahrt, in dem sich Überreste und Reliquien Dschingis Khans befunden haben sollen. Aufständische chinesische Muslime haben ihn in den siebziger Jahren des 19. Jahrhunderts verbrannt. Unter der Regie der chinesischen Kommunisten wurde 1956 in Edschen Choro eine neue prächtige Kultstätte Dschingis Khans eingeweiht. Dort haben die «Acht Weißen Zelte» ihren neuen Platz gefunden.[123]

Die Mongolen des Kernlandes im Norden haben den Dschingis-Khan-Kult, der im Ordos-Bogen getrieben wird, stets mit Mißfallen betrachtet. Sie glauben fest daran, daß der tote Herrscher in seine Heimat zurückgekehrt ist und an jenem Ort bestattet wurde, der ihm heilig war. Dschingis Khan ruht auf dem Gipfel des Burhan Chaldun, des Berges, dem er sein Leben verdankte – diese Überlieferung wurde von Generation zu Generation weitergetragen: Dort, unter einem hohen Baum, an einer Stelle, die der Khan selbst zu seiner Ruhestätte bestimmt hatte, versenkten die Getreuen die sterblichen Überreste. Auch andere Mitglieder des Herrscherhauses, so Tolui, Dschingis Khans jüngster Sohn, liegen in der Nähe begraben. Das Gebiet wurde zur verbotenen Zone erklärt. Ein bestimmter Mongolenklan übernahm die Bewachung, jahraus, jahrein, bis Urwald den Grabhügel bedeckte und alle Spuren verwischte.

Viele Forscher haben vergeblich nach Dschingis Khans Grab gesucht. Die Natur selbst hütet das Geheimnis. Denn kein Mongole kann heute mit Gewißheit sagen, welcher der Gipfel zwischen den Quellen von Onon und Kerulen, zu deren Füßen das Volk seinen Nationalhelden ehrt, tatsächlich der heilige Berg Burhan Chaldun ist.

Umfeld und Religion

Die unwirtliche Natur der Steppe mit ihren rauhen Winden, schneidender Kälte und sengender Hitze, die harten Bedingungen des Hirtenlebens ihrer nomadisierenden Bewohner, formten nicht nur widerstandsfähige Menschen; sie schufen ihnen auch ihre Götter und Dämonen. Der Berg Burhan Chaldun, den Dschingis Khan und sein Volk als natürlichen Sitz der Gottheit verehrten, war nicht nur der mythische Mittelpunkt des Kernlandes der Mongolen, sondern auch ein geographisches Zentrum. Im Norden liegen die undurchdringlichen sibirischen Wälder. Im Süden geht das Weideland in Sand- und Steinwüste über. Dazwischen erstreckt sich die Grassteppe, die im Frühling zu einem freundlichen, aber kurzen Leben erwacht, mit einer Vegetation, die nur entlang der Flüsse üppig genannt werden kann, die im Sommer verdorrt und in den langen Wintermonaten in einer Schneewüste erstarrt. Jenseits der Wüste Gobi, weit im Südosten, beginnt die Kulturlandschaft Chinas, das «goldene» Land, das stets die begehrlichen Blicke der armen Steppenmenschen auf sich zog. Und über allem dehnte sich, unendlich weit, Tengri, der stets aufs neue beschworene *ewige Himmel*, die Gottheit, die den Urahn des Herrschers erzeugte. Auf die *Kraft des ewigen Himmels* haben sich, als Stellvertreter des Tengri auf Erden, auch die Nachfolger Dschingis Khans berufen. Im November 1246 schrieb Großkhan Göjük an Papst Innozenz IV., der sich über die Angriffe der Mongolen auf die Ungarn und andere christliche Völker beschwert hatte: «... Auch diese deine Worte habe ich nicht verstanden. Den Befehl des Himmels haben beide, Dschingis Khan und der Großkhan Ogodai, kundtun lassen. Aber jene haben den Befehl des Himmels nicht beachtet. Diese, von denen du sprichst, haben sich hochmütig ablehnend verhalten und haben sogar unsere Gesandten getötet. So hat der ewige Himmel selbst in diesen Ländern die Menschen getötet und vernichtet. Wie könnte aber jemand, ohne den Befehl des Himmels, nur aus eigener Kraft töten, auf Eroberung ausgehen? ... Durch die Kraft des ewigen Himmels ist uns alles Land von Sonnenaufgang bis Sonnenuntergang gegeben worden. Wie aber könnte jemand, außer nach dem Befehl des Himmels, überhaupt etwas vollbringen? Jetzt müßt Ihr aufrichtigen Herzens sagen: ‹Wir wollen gehorsam sein, wir stellen unsere Macht euch zur Verfügung.› Du persönlich, an der Spitze der Könige, ihr alle

Siegel Göjüks

zusammen ohne Ausnahme sollt kommen, um mir zu huldigen und uns eure Dienste anzubieten. Dann erst werden wir eure Unterwerfung erkennen. Wenn ihr aber den Befehl des Himmels nicht achtet und unserem Gebot zuwiderhandelt, werden wir wissen, daß ihr unsere Feinde seid. Das ist es, was wir euch kundtun. Wenn ihr dem zuwiderhandelt, was wissen wir, was euch dann geschieht? Der Himmel allein weiß es.»[124]

Als göttliches Wesen vollstreckt der König die himmlischen Befehle. Diese Staatsdoktrin galt nicht nur bei den Mongolen; sie war – schon bei den Pharaonen – überall im alten Orient zu Hause. Auch der Ägypter erblickte seine Götter in der unmittelbaren Umgebung, in Tieren und Pflanzen, im Gipfel eines Berges, am Himmel mit den Gestirnen. Die magische Welt des Naturvolkes, die wir beschrieben haben (vgl. Kapitel «Göttliche Abstammung»), hielt Dschingis Khan zeit seines Lebens in ihrem Bann. In ihr war nicht nur *Stärke*, die der Tengri verlieh, sondern auch abergläubische Furcht, den Zorn der Götter und Geister herauszufordern, die das Schicksal des Menschen bestimmen. Eine Episode aus dem letzten Feldzug macht das deutlich. Burhan, der König der geschlagenen Tangut, war gekommen, um Dschingis Khan zu huldigen. Der Mongole empfand *inneren Widerwillen* gegenüber diesem Herrscher, der nun, da die Blüte des eigenen Volkes schon ausgerottet war, «unter Entfaltung großen Prunks» erschien und sich dem Sieger mit reichen Geschenken an den Hals warf. Burhan sollte sterben. Doch da war eine Schwierigkeit. Der Name Burhan war (als Bezeichung des Buddha) nicht nur den Tangut heilig, sondern auch den Mongolen, die ihre anbetungswürdigen Berge mit diesem Zusatz versahen. Dschingis Khan gab dem Hinzurichtenden kurzerhand einen neuen Namen. Burhan mußte sich Sidurhu nennen. Das bedeutet «loyal» und kennzeichnete den Besiegten als Diener des Siegers. Dann erst befahl er, Sidurhu alias Burhan

109

zu töten.[125] So hatte Dschingis Khan das mögliche getan, um die Götter zu besänftigen, sollten sie tatsächlich in Zorn geraten. Natürlich war es auch geboten, den Tengri über Hintergründe und Zweck einer wichtigen Unternehmung zu unterrichten, damit himmlisches Wohlwollen und göttlicher Beistand gesichert waren. So geschah es vor den Feldzügen gegen die Dschürtschäten und gegen Choresm: Als Pilger erstieg Dschingis Khan den Gipfel des Burhan Chaldun, legte zum Zeichen der Unterwerfung unter den göttlichen Willen Gürtel und Mütze ab, brachte ein Opfer dar und erläuterte, wie zur Entschuldigung, warum er zum Krieg entschlossen war.

Dieser uralten Religion, dem Animismus mit seiner Verehrung des Himmelsgottes, der Quellen und des reinigenden Feuers, lagen zahlreiche Vorschriften und Tabus zugrunde, deren Verletzung streng bestraft wurde. So wurde derjenige mit dem Tode bedroht, der in Asche oder in Wasser uriniert. Diese Bestimmung wurde sogar in die *Jassah*, die berühmte Gesetzessammlung Dschingis Khans, aufgenommen. Aus Furcht, die Wassergeister aufzustören und zu verletzen, war es verboten, den Körper oder gar die Kleidung in Quellen und anderen Wasserläufen zu waschen. Aus Angst vor Gewittern war es untersagt, im Frühjahr und Sommer im Wasser zu tauchen, denn im Donner äußerte der Tengri seinen Zorn.

Bei so viel abergläubischer Furcht vor den magischen Kräften, die im Umfeld des Menschen wirkten, schien es geraten zu sein, sich mit denen gut zu stellen, die die Götter auf Erden repräsentierten. Das galt für die eigenen Schamanen wie für die Vertreter anderer Religionen, nestorianische Priester oder buddhistische Mönche, mit denen die Mongolen Kontakt hatten, noch ehe sie die Grenzen zu fremden Kulturen überschritten. Es war eine Art Rückversicherung dem Himmelsgott gegenüber, dessen *Schutz und Hilfe* unerläßlich war. Ohnehin kennt der Schamanismus, dem Dschingis Khan anhing, Aggressivität gegenüber fremden Religionen nicht. Die Toleranz in Glaubensfragen, die der Mongolenherrscher auch als Eroberer übte, dürfte zudem auf staatsmännische Erwägungen zurückzuführen sein. Denn sehr bewußt setzte Dschingis Khan eine wirkungsvolle propagandistische Waffe ein: In allen attackierten Ländern ließ er den strikten Grundsatz der Glaubensfreiheit verkünden, und von Übergriffen abgesehen hielten sich die Armeen Dschingis Khans an dieses Prinzip. *Jedes Glaubensbekenntnis ist zu achten, keiner Religion darf der Vorzug vor einer anderen gegeben werden.* Als Dschebes Reiter mit dieser Parole im Reich Kara-Kitai einfielen, wurden sie von den Muslimen als Befreier vom Joch des buddhistischen Tyrannen Kütschlüg willkommen geheißen. Zwar haben die Mongolen Dschingis Khans kulturelle Werte der arabisch-persischen Welt auf barbarische Weise zerstört, dennoch war ihr Krieg im muslimischen Westen, wie wir gezeigt haben, kein Vernichtungszug gegen den Islam. Wenn Dschingis Khan rituelle

Handlungen der Muslime verbot, so geschah es deshalb, weil sie den Bräuchen und dem Aberglauben der Mongolen widersprachen. Zum Beispiel erließ er ein Schächtverbot, nachdem Muslime sich geweigert hatten, Fleisch von Tieren zu essen, die nach dem Brauch der Mongolen geschlachtet worden waren. Nicht zuletzt blieben muslimische Würdenträger von den drückenden Abgaben verschont, die der unterjochten Bevölkerung auferlegt wurden. Die mongolischen Grausamkeiten in der islamischen Welt waren militärischer Natur; mit der Religion hatten sie nichts zu tun. Dies war einer der Gründe dafür, daß sich die Muslime des Orients zu einer gemeinsamen Gegenwehr nicht zusammenfanden. Dschihad, der Heilige Krieg gegen die ungläubigen Mongolen, fand nicht statt.

Und wie erging es den Christen? In einer armenischen Handschrift von 1248 heißt es: «In den unberührt gebliebenen Kirchen ließen die Mongolen die Kirchendiener in Freiheit, damit sie den Gottesdienst gemäß den Vorschriften ihrer Religion frei ausübten, doch forderten sie von ihnen skrupellos übermäßige Abgaben von Menschen und Vieh, mit Ausnahme der kleinen Kirchen und der Menschen, die dort dienten.»[126] Andererseits sind uns Grausamkeiten überliefert, die dann verübt wurden, wenn sich ein Christ, und sei es auch aus seiner religiösen Überzeugung, einem

Nestorianisches Grabkreuz. 13. Jahrhundert.
Aus Olon süme in der Inneren Mongolei

*Mongolischer Schamane mit Zaubertrommel zur Beschwörung
böser Geister (um 1928)*

ausdrücklichen Befehl der Mongolen hartnäckig widersetzte. Johann de
Plano Carpini berichtete von dem russischen Fürsten Michael, der getötet
wurde, weil er als Christ es ablehnte, sich vor einem Götzenbild in Men-

schengestalt, Dschingis Khan darstellend, zu verneigen. Plano Carpini erwähnte noch einen anderen Vorfall, bei dem Russen entgegen der christlichen Ethik mit Gewalt gezwungen wurden, die Leviratsehe zu vollziehen, die bei den Mongolen üblich war: «Andreas, ein anderer russischer Fürst, war bei Batu angeklagt worden, er führe tatarische Pferde fort und verkaufe sie nach auswärts. Obwohl diese Anklage nicht erwiesen war, wurde er hingerichtet. Als dies sein jüngerer Bruder hörte, kam er mit der Gemahlin des Getöteten zu Batu, um ihn kniefällig zu bitten, daß ihnen nicht auch ihr Land entrissen werde. Da sagte dieser dem jungen Mann, er solle die Gemahlin dieses seines leiblichen Bruders heiraten, und ebenso befahl er der Frau, sie solle ihren Schwager zum Manne nehmen, gemäß der bei den Tataren herrschenden Sitte. Der Mann erwiderte, er wolle lieber sterben, als gegen seine Religion handeln. Dennoch übergab man ihm die Frau, obwohl sie sich beide mit aller Macht dagegen sträubten. Vielmehr führten die Tataren sie beide zu einem gemeinschaftlichen Lager, legten den jungen Mann auf die Frau, ungeachtet ihres Jammerns und Weinens, und zwangen beide in gleicher Weise mit brutaler Gewalt, die eheliche Vereinigung zu vollziehen.» [127]

Zwischen Göttern und Geistern und den Mongolen vermittelten die Schamanen. An Ansehen und Einfluß waren sie den Stammesfürsten gleichgestellt. In allen wichtigen Lebensfragen, von der Geburt über Krankheiten zum Tod, wandten sich die Mongolen an sie. Wilhelm von Rubruk beschreibt die Stellung der Schamanen: «Die Weissager spielen bei ihnen die Rolle der Priester, und was sie anordnen, das wird ohne Verzug ausgeführt. Es gibt viele solcher Weissager, und sie haben stets einen Vorsteher, gleichsam einen Oberpriester, der seine Wohnung vor dem Hauptzelt des Großkhans aufschlägt, ungefähr einen Steinwurf entfernt ... Einige dieser Priester verstehen sich auf die Astrologie, besonders der Oberpriester selbst, und eine Sonnen- oder Mondfinsternis kündigen sie im voraus an ... Für alle Unternehmungen sagen sie vorher, welcher Tag Glück bringt und welcher Unglück. Ohne ihre Vorhersage stellt man niemals ein Heer auf oder zieht in den Krieg ... Sie führen alles, was an den Hof des Khans geschickt wird, so auch Gastgeschenke fremder Fürsten, zwischen Feuern hindurch, und sie erhalten von den Gaben ihren gebührenden Teil. So reinigen sie zum Beispiel auch den gesamten Hausrat von Verstorbenen, indem sie ihn zwischen Feuern hindurchziehen. Wenn irgendein Tier oder etwas anderes zu Boden fällt, während sie es durch die Feuer führen, dann fällt es ihnen anheim.» [128]

Auf ihren Wanderungen kamen die Schamanen in die Ordu der verschiedenen Stämme und waren somit in der Lage, diese auch politisch zu beeinflussen. Besondere Autorität genoß der Schamane Kökötschü mit dem Beinamen Tebtenggeri (Höchster Himmel), von dem das Volk behauptete, er reite auf einem Apfelschimmel zum Himmel und unterhalte sich mit den Göttern. Kökötschü war ein Sohn Mungliks, des alten Gefolgsmannes, der schon Dschingis Khans Vater gedient hatte. Diesem Schamanen hatte Dschingis Khan viel zu verdanken. Im Kampf um die Alleinherrschaft über die Mongolen konnte Temudschin auf Kökötschüs Hilfe rechnen. Der Priester zog sich, selbst bei bitterer Kälte, nackt in die Einöde und in die Berge zurück und verkündete bei der Rückkehr: «Gott hat mit mir gesprochen und mir gesagt: ‹Die ganze Oberfläche der Erde habe ich Temudschin und seinen Söhnen gegeben und ihn Dschingis Khan genannt. Fordere ihn auf, gerecht zu regieren.›»[129] Solche Worte wurden von Stamm zu Stamm kolportiert und als göttliche Entscheidung akzeptiert. Auf diese himmlische Weihe konnte sich Dschingis Khan berufen, als 1206 der Reichstag zusammentrat, der ihn auch offiziell zum obersten Herrscher bestimmte. Der Schamane hatte Dschingis Khan geholfen, die «religiöse» Grundlage seiner Macht zu schaffen. Von da an hielt sich Dschingis Khan an alles, was Kökötschü sagte. Der Tebtenggeri hatte nicht nur großen Einfluß auf den Khan; er war auch ehrgeizig und begierig darauf, selbst zu herrschen. Um sein Ziel zu erreichen, suchte Kökötschü die herrscherliche Familie zu entzweien. Er denunzierte Chasar, den jüngeren Bruder Dschingis Khans, mit dem die Söhne Mungliks schon handgreiflich aneinandergeraten waren. Der Verkünder göttlicher Botschaften ließ dem Khan eine neue, höchst durchsichtige himmlische Verlautbarung zukommen: «Diese Prophezeiungen des ewigen Himmels habe ich erhalten: ‹Temudschin soll das Reich in der Hand halten.› Bei anderer Gelegenheit jedoch hat mir der Himmelskönig das gleiche von Chasar gesagt. Wenn du dem Chasar nicht zuvorkommst, kann man nicht wissen, was geschehen wird.»[130]

Dschingis Khans Argwohn Chasar gegenüber war neuerlich geweckt; er ließ den Bruder festnehmen und schien bereit, ihn exekutieren zu lassen.[131] Es kam zu einem erregten Familienstreit. Die Mutter, Ho'elun, schaltete sich ein und befreite Chasar in einer dramatischen Rettungsaktion, über die die Geheime Geschichte ausführlich berichtet. Dschingis Khan gab nach, aber sein Argwohn blieb. Der Schamane jedoch, bei dem das Volk zusammenströmte, darunter viele Gefolgsleute des Khans, ließ es auf eine Machtprobe ankommen. Er forderte Temuge-Ottschigin, den jüngsten Bruder Dschingis Khans, heraus und demütigte ihn in der Öffentlichkeit. Spät erkannte der Herrscher das Ausmaß der Gefahr, die ihm persönlich drohte. Mit Hilfe Temuges stellte er dem Priester eine Falle. «Drei starke Männer» lauerten dem Tebtenggeri auf, packten ihn und zerbrachen ihm das Rückgrat. Dschingis Khan ließ die Leiche verbergen und verließ in aller Eile den Schauplatz der Tat. –[132] Zum neuen Oberpriester wurde ein verläßlicher Mann ernannt. Die weltliche Gewalt hatte sich gegenüber dem «geistlichen» Machtanspruch durchgesetzt.

Mensch und Werk

Dschingis Khan war eine stattliche Erscheinung. Ausländische Augenzeugen beschreiben ihn als einen Herrscher von hoher, kräftiger Gestalt mit breiter Stirn, Katzenaugen und einem Bart.[133] Das einzige «authentische» Bild zeigt den Khan als älteren Mann mit einem vollen glatten Gesicht und weißem, schütterem Bart. Dort wird der Nachwelt ein abgeklärter Monarch präsentiert, der Vertrauen ausstrahlt und die Gelassenheit des Alters zur Schau trägt. Das ist sicherlich kein Zufall. Dieses Porträt gehört in die Reihe der Kaiserbilder der mongolischen Yüan-Dynastie, die über China herrschte. Es entstand lange nach Dschingis Khans Tod, und in China waren die Mongolen schon zu halben Chinesen geworden. Offiziell bestand somit ein Interesse daran, den eroberungslustigen Ahnherrn als zivilisiert-friedfertigen Menschen, gewissermaßen in einem chinesischen Gewand, darzustellen. Inoffiziell haben sich chinesische Künstler von Dschingis Khan eine ganz andere Vorstellung gemacht. Sie sahen ihn verschlagen und grausam, zeigten ihn als den Kriegsmann, der er – ungeachtet seiner staatsbildenden Fähigkeiten – mit Leib und Seele gewesen ist. (Vgl. das offizielle Umschlagbild dieses Buches mit dem Frontispiz.)

Ein klares Bild haben wir von Dschingis Khans Charaktereigenschaften. Sie werden durch zahlreiche Anekdoten belegt, die uns die «Geheime Geschichte der Mongolen» übermittelt. Großzügigkeit ist eine Eigenschaft, die nicht nur die Mongolen schätzen. Dschingis Khan besaß, wie wir dargelegt haben, die Gabe, durch Freigebigkeit Menschen für sich zu gewinnen. Er war ein zuverlässiger Freund, der Dienste, die ihm erwiesen wurden, dankbar und reichlich honorierte, und zwar unabhängig von der sozialen Stellung, die der Begünstigte in der Stammesgemeinschaft einnahm. Schafhirten und Pferdeknechte konnten zu Truppenführern avancieren. Am einfachen Leben des Steppenmenschen hielt Temudschin auch als Herrscher fest. *Ich bin aus der wilden Region des Nordens; ich trage die gleichen Kleider und esse das gleiche wie die Ochsenhüter und die Reitburschen. Wir bringen gemeinsam Opfer und teilen unsere Schätze. Ich sorge für meine Soldaten wie für meine Brüder.*[134] Diese Worte Dschingis Khans werden in einer chinesischen taoistischen Quelle wiedergegeben. Unkompliziert soll auch der Umgang des Herrschers mit

Dschingis Khan. Das offizielle Kaiserbild der Yüan-Dynastie in einer mongolisch-chinesischen Doppelhandschrift

seinen Gefährten gewesen sein. Auf überschwengliche Titulierungen, wie sie im Orient üblich waren, legte der Khan keinen Wert. So schuf er sich eine Gefolgschaft, die ihm bedingungslos ergeben war.

Von Fürsorglichkeit und Anteilnahme am Ergehen eines Menschen, mit dem sich Dschingis Khan eng verbunden fühlte, zeugen die Briefe an den greisen Mönch Changchun: *Bist du mit Pferden gut versorgt worden; hast du auf deinem Weg reichlich zu essen und trinken erhalten; fühlst du dich auch wohl? Hier denke ich ständig an dich. Ich habe dich nicht vergessen.* [135] Mit dem taoistischen Philosophen Changchun war Dschingis Khan in Afghanistan zusammengetroffen. Geduldig hörte er sich die Belehrungen des Mönchs an, obgleich sein eigenes Wirken in einem krassen Gegensatz zur taoistischen Glaubenslehre stand, die Sinn und Erfolg des Lebens nicht in rastloser Tätigkeit sieht, sondern in einem eher passiven Verhalten. Dschingis Khan maß den Worten Changchuns ein solches Gewicht bei, daß er sie aufzeichnen ließ, wenn er sie auch nicht befolgte. Selbstherrlich oder überheblich war der Mongolenherrscher jedenfalls nicht, wie die Gespräche zeigten, die er mit Repräsentanten fremder Kulturen führte. Seine Neugier ließ diesen klugen, unwissenden Barbaren immer wieder Fragen stellen, die mit den Werken und Errungenschaften der Zivilisation zusammenhingen, auf die er im Verlauf seiner Feldzüge stieß. Zu seinen engen Beratern zählten gebildete Fremde, wie der schon erwähnte Uigure Tatatonga, der den Mongolen eine Schrift bescherte. Von dem Muslim Jalawatsch ließ sich Dschingis Khan *Sinn und Bedeutung der Städte* erklären; Jalawatsch wurde in den eroberten Gebieten mit wichtigen Verwaltungsaufgaben betraut. Seit dem chinesischen Feldzug war der sinisierte Kitan Yeh-lü Chu-tsai in Dschingis Khans Begleitung anzutreffen, ein Gelehrter, der in den Dienst der Mongolen getreten war. Eines seiner Anliegen war die Rettung kostbarer Texte in den geplünderten oder niedergebrannten Städten. Manchmal konnte durch die Intervention Yeh-lü Chu-tsais (er starb 1244) sogar ein Massaker verhindert werden.

Bei vielen Gelegenheiten schließlich, das erzählt uns die Geheime Geschichte, folgte Dschingis Khan Ermahnungen aus seiner unmittelbaren Umgebung. Er ließ sich von Ratschlägen, gerade auch der Frauen, die ihm nahestanden, zu richtigen oder notwendigen Entscheidungen bewegen.

Rache zu nehmen war ein Gesetz der Steppe, ja eine heilige Pflicht, die von Generation zu Generation übertragen wurde. Wir haben gesehen, wie ernst Dschingis Khan diese Verpflichtung nahm, wie skrupellos er sie erfüllte. Die Jagd und der Krieg waren die Leidenschaften eines Nomaden, wie ein Gespräch verdeutlicht, von dem Raschid ad-Din Kenntnis erhalten hat: Einmal fragte Dschingis Khan seine Kampfgefährten, was das höchste Glück eines Mannes sei. Diese antworteten: «Die Jagd, wenn man im Frühling auf einem guten Wallach reitet, den Falken auf der Faust hält und ihn losläßt auf die Beute.» Der Khan erwiderte: *Ihr habt nicht recht. Das höchste Glück eines Mannes ist es, den Feind zu verfolgen und zu besiegen. Wenn er dem Feind seinen ganzen Besitz entrissen hat, seine*

Bogenschützen im Tal der Tola bei Ulan-Bator

Wallache reitet, wenn er die Ehefrauen des Feindes schluchzen und weinen läßt und ihre Leiber nächtens als Stütze benutzt, ihre rosafarbenen Brüste betrachtet... dann erst ist ein Mann wirklich glücklich. [136] Ob gut erfunden oder wahr, in der nichtmongolischen Dschingis Khan-Literatur wird dieses Zitat, vielfach ausgeschmückt, immer wieder als Beweis für die Monstrosität der «Geißel Gottes» angeführt. Dabei fällt auf, daß Beispiele für persönlichen Heldenmut des «ozeangleichen» Herrschers und Feldherrn selbst in der offiziellen mongolischen Geschichtsschreibung nicht überliefert sind. Die Geheime Geschichte dürfte der Wahrheit nahekommen. Sie bescheinigt ihrem Helden wiederholt sehr menschliche und insofern geradezu sympathische Reaktionen: Der Mongole bekam es nicht selten mit der Angst zu tun, wenn er persönlich in Gefahr geriet. [137]

Widersprüche sind das Kennzeichen Dschingis Khans. Menschliche Gefühle, Besonnenheit, gesunder Menschenverstand auf der einen Seite, Zerstörungswut, Grausamkeit, gnadenlose Rachsucht auf der andern. Diese Widersprüche sind unauflösbar, denn sie lagen im Nomadentum begründet, im Gegensatz der unzivilisierten Steppenmenschen zu den ihnen benachbarten Kulturvölkern. Sie kamen dann zum Ausbruch, wenn der von der Natur benachteiligte arme «Barbar», der unter vergleichsweise primitiven Bedingungen existierte, die Grenzen seines Lebensbereichs sprengte und plötzlich dem Reichtum gegenüberstand, mit dem er nichts anzufangen wußte (vgl. Kapitel «Über die Große Mauer»). Die Übergriffe der Zu-kurz-Gekommenen über den kargen Boden der Steppenzone hinaus glichen einem Naturgesetz; sie haben sich in den Jahrhunderten periodisch wiederholt. Den Europäern ist, außer den Eroberungszügen der Mongolen, der Einfall der Hunnen in Erinnerung geblieben. Militärisch gesehen waren die Invasoren immer wieder erfolgreich, denn sie besaßen eine Wunderwaffe, der die kultivierte Welt nichts Gleichwertiges entgegensetzen konnte. Als listige und leidenschaftliche Jäger beherrschten sie eine einfache, aber höchst wirksame Kunst: Sie griffen überraschend an, galoppierten dem Feind entgegen und trafen gleichzeitig, «Über-die-Schulter-Schießend», ins Ziel. Danach verschwanden sie, so schnell sie gekommen waren. So stürzten sie den Gegner in Verwirrung und jagten ganze Armeen in die Flucht, denen ihre kriegstechnischen Errungenschaften wenig halfen. Allerdings: Dschingis Khans Mongolen gehörten zu den letzten Nomaden, die auf solche Weise ihre Siege erkämpfen konnten.[138]

Seine Möglichkeiten, die Milieu und Umfeld ihm boten, hat Dschingis Khan gut genutzt. Ein starker Wille zur Macht trieb ihn an, die Herrschaft über die Stämme der Manghol zu erringen. Rivalen räumte er ohne Bedenken aus dem Weg. Nachdem dies gelungen war, behielt er seine Horden fest im Griff. Das war, nicht zuletzt, eine beträchtliche organisatorische Leistung. Dschingis Khan, der seinen Militärstaat straff und übersichtlich ordnete und ihn mit Verstand regierte, war ein hervorragender Administrator.

Mit gleichem Geschick legte der Herrscher seine Eroberungszüge an. Den Kriegshandlungen gingen nicht nur sorgfältige Erkundungen voraus; die militärischen Operationen wurden durch diplomatische und politische Aktivitäten ergänzt, die zum Erfolg beitrugen. Dschingis Khan nutzte nationale oder religiöse Gegensätze im Lager des Gegners aus. (Wir haben es, gewissermaßen, mit psychologischer Kriegführung zu tun.) Beim Einfall in China appellierte der Khan an das Nationalgefühl der mit den Mongolen verwandten Kitan, die von den Dschürtschäten unterworfen worden waren. Einheiten der Kitan wechselten daraufhin zu den Mongolen über. Im Krieg gegen Choresm schürten die Invasoren die rassischen und religiösen Gegensätze innerhalb der heterogenen Bevölkerung. Da-

Ein Übermensch war Dschingis Khan nicht, obwohl ihn viele Künstler und Autoren so sehen wollen. Chinesische Skulptur

bei konnte sich Dschingis Khan auf die Hilfe der islamischen Großkaufleute, Uiguren oder Perser, verlassen, die aus Erfahrung wußten, daß die Mongolen, nicht aber der Choresm-Schah, die Sicherheit der Handelswege verbürgten. Im Streit der Feudalherren untereinander, der das Regiment Sultan Muhammeds schwächte, mischten die Mongolen kräftig mit. Den unterworfenen Völkern blieb es schließlich überlassen, ihre inneren Angelegenheiten selbst zu regeln, örtliche Verwaltungsaufgaben, Rechtspflege, religiöse Kulthandlungen nach eigenem Ermessen wahrzunehmen, solange sie generell kuschten und ihre Verpflichtungen gegenüber den Eroberern erfüllten.

Ein Übermensch Spenglerschen Zuschnitts, den westliche Apologeten des Führerprinzips und historisierende Romanautoren in Dschingis Khan sehen wollen, war der mongolische Eroberer mit Gewißheit nicht. Zu Recht ist die moderne Wissenschaft von der Vorstellung abgerückt, Persönlichkeiten machten die Geschichte. Gefährlich ist auch die These von «Führerrassen» in der Menschheitsgeschichte, zu denen manche Historiker die Mongolen der Dschingiskhaniden-Epoche zählen. Das haben gerade die Deutschen erfahren.[139] Vom Wahn, die Erde beherrschen zu können, war Dschingis Khan, anders als seine unmittelbaren Nachfolger, kaum besessen. Mit einem genialen Rechenmeister, der, das Ziel klar vor Augen, seine Züge im großen Zusammenhang plante, haben wir es nicht zu tun. Vom Krieg und den Erfolgen berauscht, ließ sich der Mongole vorwärtstreiben. Das trifft auf die meisten Eroberer zu, deren Wege des Schreckens Pyramiden aus Totenschädeln und Massengräber säumten.[140]

Dschingis Khan war der Mittelpunkt gewesen. Auf ihn, als einigende Kraft, hatten die Turkomongolen geblickt. Mit Dschingis Khans Tod wurde die Zentralgewalt entscheidend geschwächt. Der Großkhan (Kha Khan), der nun in der neuen Hauptstadt Karakorum residierte, hatte als Oberhaupt der Dschingiskhaniden nur eine nominelle Funktion. So wurden sehr schnell die zentrifugalen Kräfte wirksam, die in der Größe des Reichs, seiner Aufteilung und in der Verschiedenartigkeit der Völker, die es umfaßte, begründet waren. Die vier riesigen Befehlsbereiche standen nur in groben Umrissen fest; ihre Grenzen waren fließend und sollten durch neue Eroberungen weiter ausgedehnt werden. Es kam zum Streit um die Grenzen, zum Beispiel zwischen den Khanen der Goldenen Horde und den Ilkhanen im iranischen Raum. Religiöse Gegensätze unter den Erben Dschingis Khans spielten beim Zerfall des Reiches eine immer größere Rolle, denn von Toleranz in Glaubensfragen, die der «ozeangleiche» Herrscher geübt und gefordert hatte, konnte bald keine Rede mehr sein. Großkhan Göjük, der sich dem Papst als Dienstherr empfahl, war eher ein Freund der Christen; er hatte nestorianische Berater. Wohl aber waren in seinem Ulus die Muslime diskriminiert. Ähnlich erging es den Anhängern des Islam im Khanat Tschagatais. In Sachen des Glaubens stimmten die Führer der Goldenen Horde mit den (späteren) Ilkhanen grundsätzlich überein; sie waren strenggläubige Muslime. Kubilai dagegen, der über China herrschte, bekannte sich zum Buddhismus. Er vertrieb die Verehrer Allahs.

Zu dieser Zeit, nur zwei Generationen nach Dschingis Khan, fiel das Stammland des Einigers aller Mongolen ins Dunkel der Geschichte zurück. Großkhan Kubilai, der Enkel Dschingis Khans, wählte Peking zu seiner ständigen Residenz. Karakorum verfiel. Von dieser Stadt des Schwarzen Sandes, dem Zentrum eines Imperiums, die eine kurze Glanzzeit erlebte, ist kaum eine Spur zurückgeblieben. Die Mongolei verkam zu einer abgelegenen, verarmten chinesischen Provinz.

Allerdings: Ein Werk des inneren Friedens, das der große Mongole schuf, hatte Bestand. An das Gesetz Dschingis Khans, das die Anarchie der Steppe beendete und den Untertanen ein Gefühl der Sicherheit gab, haben sich die einfachen Menschen und viele derjenigen, die sie beherrschten, eine lange Zeit gehalten.[141]

Durch seine Gewaltanwendung hatte der Nomade Unglück und Leid verbreitet, aber auch Weltoffenheit erzwungen. Die *Jassah* ver-

Eine Schildkröte – einziger Überrest der einst prachtvollen Hauptstadt Karakorum

Kloster Erdeni Dsu (16. Jahrhundert) auf dem Gelände von Karakorum. Auch religiöse Gegensätze führten zum Zerfall des mongolischen Weltreiches

bürgte, daß die Bahnen zwischen den Völkern, die nun wieder frei geworden waren[142], zu friedlichen Zwecken genutzt werden konnten. Botschafter und Kaufleute, Prediger und Missionare wußten dies sehr zu schätzen. Die transasiatischen Wege waren sicher geworden; die Gebieter und ihre Völker legten Wert auf Kontakte und hießen Fremde willkommen. Das hatte es so seit Jahrhunderten nicht mehr gegeben. Entsprechend blühte der Handel auf dem eurasischen Kontinent. Dieser dschingiskhanidische Frieden dauerte 150 Jahre an. Ein Frieden, von dem die Zivilisation, also auch Europa, profitierte.

Hinweis

Die Übertragung von Namen und Begriffen aus Sprachen mit nichtlateinischer Schrift oder Schriftzeichen (uiguro-mongolisch, chinesisch, arabisch, persisch, kyrillisch usw.) ist immer mit Schwierigkeiten verbunden. Der scheinbar einfache mongolische Eigenname Ogodai ist allein in deutschsprachigen Veröffentlichungen in den folgenden Versionen anzutreffen: Ogadai, Ogotai, Ögödei, Ögädäi, Ügedai, Ügetej, Ugedei. Im Chaos der unterschiedlichen Umschriftsysteme hat sich der Autor für die möglichst lautgetreue phonetische Übertragung entschieden, die im deutschen Sprachraum üblich ist. Die wissenschaftliche bzw. bibliothekarische Transkription (Dschingis = Činggis, Raschid ad-Din = Rašid ad-Dīn, Dschürtschäten = Jürčed usw.) wäre dem Allgemeinverständnis abträglich gewesen.

Bei der lautgerechten Umschrift konnte nicht immer konsequent verfahren werden, denn einige Begriffe haben sich bei uns in der aus dem Englischen herrührenden Form eingebürgert und wurden deshalb so übernommen (Khan = Chan). Verwirrend bleibt vorerst die phonetische Transkription der chinesischen Schriftsprache, die sogenannte Romanisierung, weil nicht alle Schreibweisen der neuen offiziellen lateinischen Umschrift, des Pinyin, im Ausland bekannt sein können, und weil der Verfasser nicht mit allen Gewohnheiten radikal brechen wollte. Der Leser möge deshalb mit der allgemein praktizierten Mischform vorliebnehmen, aus der traditionellen deutschen Umschrift (Peking, nicht Beijing), der angloamerikanischen Transkription nach den überholten Sprachsystemen und aus dem Pinyin (nicht Mao Tse-tung, sondern Mao Zedong).

Anmerkungen

1 Unter den Eindrücken in Turkestan, auf den Spuren Dschingis Khans und Tamerlans, ist das Bild 1871 entstanden. Mit Napoleon I., einem anderen «großen Eroberer», hat sich Wereschtschagin (gest. 1904) ebenfalls beschäftigt.

2 «China Yearbook: History and Culture». Taipei, Taiwan, 1965. S. 24

3 Xinhua 16. Juni 1962

4 «Fragen der Geschichte» (russ.) Nr. 5, «Geschichte der UdSSR» (russ.) Nr. 5, Moskau 1962. Als sowjetischer Handelsbeauftragter in Sibirien hatte Iwan M. Maiskij schon von der mongolischen Revolution von 1921 Gelegenheit, die Verhältnisse in der Mongolei zu studieren.

5 Temür-Otschir und seine Gesinnungsgenossen hatten versucht, einen nationalkommunistischen, von Moskau unabhängigeren Kurs zu steuern. Er habe, so hieß es in dem Beschluß des Zentralkomitees, Zweifel an der selbstlosen brüderlichen Hilfe der Sowjetunion geschürt und die Kritik an den Repressionen der dreißiger Jahre (an der mongolischen Stalinzeit) entschieden zu weit getrieben. Moskau war alarmiert, denn es bestand die Gefahr, daß der mongolische Pufferstaat ins Fahrwasser der chinesischen Kommunisten geriet, die den Führungsanspruch der Sowjetunion in der kommunistischen Bewegung bestreiten.

6 Wortlaut in der Moskauer «Prawda» von 1. November 1962

7 Rede auf einer Sitzung der Akademie der Gesellschaftswissenschaften und des Instituts für Marxismus-Leninismus beim ZK der Kommunistischen Partei der Sowjetunion (nach der Übersetzung in «Ost-Probleme», Bonn). Leonid F. Iljitschow sprach auf einem Höhepunkt des Streites zwischen Moskau und Peking, der sich zu einem Konflikt auf der staatlichen Ebene ausweitete. Als stellvertretender Außenminister verhandelte Iljitschow Anfang der achtziger Jahre in Peking über eine Verbesserung der Beziehungen, denn nach Mao Zedongs Tod war der russisch-chinesische Konflikt abgeflaut.

8 Xinhua 17. September 1979. Mit dieser positiven Beurteilung Dschingis Khans kehrten die chinesischen Kommunisten zu ihrer ursprünglichen Bewertung zurück. Mao Zedong selbst, der Vorsitzende der chinesischen KP, hatte Dschingis Khan einst, in einem seiner Gedichte, zu den Großen der chinesischen Geschichte gerechnet. Ende der sechziger Jahre kam es dann, während der sogenannten Kulturrevolution auch in der Inneren Mongolei zu Ausschreitungen der militanten Roten Garden, die Dschingis Khan als «berüchtigten Urvater des Hegemonismus» schmähten und das Museum von Edschen Choro plünderten. Xinhua meldete am 23. Nov. 1982, die Renovierung der Weihestätte sei beendet. In Peking wurde, derselben Meldung zufolge,

eine Statue des mongolischen Reichsgründers aufgestellt.

Für den letzten Nachfahren Dschingis Khans, einen Staatsfunktionär namens Oqirhuyakt, der im Juli 1984 starb, arrangierten die chinesischen Kommunisten ein feierliches Begräbnis. Xinhua teilte mit, Oqirhuyakt sei in der 32. Generation ein direkter Nachkomme Dschingis Khans gewesen.

9 Mongolisch: «Manghol un niuca tobca'an»; chinesisch: «Yüan chao pi-shi» (Die Geheime Geschichte der – mongolischen – Yüan-Dynastie)

10 Das «Buch der Goldenen (Familie)» (Altan depter), ein anderes mongolisches Geschichtswerk, das bis heute nicht aufgefunden werden konnte, durfte dagegen, zusammen mit dem offiziellen Hofarchiv der Ilkhane, von Raschid ad-Din benutzt werden.

11 Vgl. Paul Ratchnevsky: «Činggis-Khan. Sein Leben und Wirken». Wiesbaden 1983. S. VIII f. Auf dieses mit wissenschaftlicher Akribie unternommene Werk sei besonders hingewiesen. Es erschien in der Reihe «Münchener Ostasiatische Studien» (Band 32). Ratchnevsky, Mongolist und Sinologe, emigrierte in den zwanziger Jahren aus Rußland und wirkte in Frankreich und Deutschland, zuletzt in der DDR.

12 «Die Geheime Geschichte der Mongolen», in der Übersetzung von Erich Haenisch neu herausgegeben von Walther Heissig. Düsseldorf 1981. Fortan zitiert unter dem Stichwort GG. Der Mongolist Walther Heissig (Universität Bonn) hat die Spuren der Geheimen Geschichte zurückverfolgt.

13 Schamane: Heil- und Zauberkundiger, auch Priester bei Völkern auf niedriger Kulturstufe, vor allem in Sibirien und Mittelasien, der mit ekstatischen Übungen Verbindung zum Überirdischen sucht. (Vgl. Kapitel «Umfeld und Religion»)

14 Die Nestorianer sind eine christliche Konfession, die im 5. Jahrhundert entstand und nach dem 431 abgesetzten Patriarchen Nestorios von Konstantinopel benannt wurde. Sie breitete sich zu den mittelasiatischen Türken und Mongolen, bis nach China und bis zum Süden Indiens aus. Der Nestorianismus ist seit dem 14. Jahrhundert bis auf geringe Reste untergegangen.

15 Owen Lattimore: «Nomaden und Kommissare. Die Mongolei gestern und heute». Stuttgart 1964. S. 97 f

16 GG, S. 9

17 GG 11 f

18 Ratchnevsky, a. a. O., S. 13

19 GG 17 f. In der offiziellen «Geschichtssammlung», die Raschid ad-Din verfaßte, wird die Entführung der Mutter Dschingis Khans nicht erwähnt.

20 Die Jahreszahlen 1155 und 1167, die in der Literatur als Geburtsjahr Temudschins, des späteren Dschingis Khan, auftauchen, sind auf eine Mystifikation zurückzuführen: Da die Mongolen ihren großen Herrscher als göttliches Wesen (Bogdo) verehrten, mußte sein Lebenslauf den «himmlischen» zwölfjährigen Perioden des mongolischen Kalenders (Tierzyklus) entsprechen. Also haben einheimische Chronisten Dschingis Khan, der, dieses Datum stand fest, 1227 starb, eine Lebensdauer von sechs bzw. fünf Zwölf-Jahr-Perioden angedichtet. Der Verfasser der Geheimen Geschichte legte sich auf ein Geburtsjahr nicht fest.

21 GG 19. Spätere lamaistische Quellen taten kund, Temudschin habe bei der Geburt das Staatssiegel in der rechten Hand gehalten.

22 Temudschin heißt «scharfer Stahl» und scheint zu bedeuten, daß der Namens-

träger ein Schmied gewesen ist oder einer Sippe von Schmieden angehörte.

23 GG 43; Ratchnevsky, a. a. O., S. 18f
24 GG 23
25 GG 24
26 GG 26. Die Taitschiut sahen in Temudschin den Rächer und potentiellen Rivalen. Sie hatten die Führung des Klans übernommen, die auch Temudschin beanspruchen konnte. Ihre Hoffnung trog, Ho'elun und die Kinder, hilflos der Wildnis ausgeliefert, würden den Strapazen erliegen.
27 Auch als Toghril bekannt, dem Peking später den Königstitel Wang Khan (Ong Khan) verlieh.
28 GG 32
29 GG 34
30 GG 35. Indem er der lebensspendenden Sonne opferte, vollzog Temudschin eine schamanistische Zeremonie. Den Gürtel, das Zeichen eines freien Mannes, abzunehmen, war eine Bekundung der Unterwerfung.
31 GG 40f
32 Ratchnevsky (a. a. O., S. 36) stützt sich hier auf zwei mittelalterliche chinesische Quellen, auf das «Shengwu qinzheng lu» (Die Aufzeichnungen der von dem weisen und kriegerischen Kaiser persönlich geführten Kriegszüge) und das «Yüan-shi» (Geschichte der Yüan).
33 GG 45f
34 Wladimirzows Werk «Obschtschestwenny stroj Mongolow» (Die Gesellschaftsordnung der Mongolen), Leningrad 1934, wird auch von der nichtmarxistischen Mongolistik als richtungweisend anerkannt. Als Folge der russisch-mongolischen Nachbarschaft und der langen, vielfältigen Beziehungen beider Völker nimmt die russische Mongolistik seit dem 19. Jahrhundert einen führenden Platz in dieser wissenschaftlichen Disziplin ein. Es war der Rußland-deutsche Isaak Jakob Schmidt, der Anfang des 19. Jahrhunderts durch seine mongolische Grammatik der mongolischen Philologie in Rußland und Westeuropa eine Grundlage verschaffte.
35 GG 46f
36 Mongolen im weiteren Sinne leben auch heute an den Ufern des Baikal-Sees, der auf sowjetischem Territorium liegt. Es sind die Burjäten, Waldbewohner, die sich von den Mongolen der Steppe stark unterscheiden.
37 Wann Dschingis Khan zum obersten Khan über alle Mongolen avancierte, ist historisch gesichert. Es war 1206. Für die Ereignisse zuvor offerieren die Annalen meist lückenhafte und voneinander abweichende Zeitangaben (vgl. Anm. 20).
38 GG 49
39 Ebd.
40 Ratchnevsky, a. a. O., S. 46f
41 Mongolisch: Altan Khan. «Golden» (chin. Kin) nannten sich die Herrscher, damit ein jeder den Rang erkenne, den sie für sich beanspruchten, sie, die die «Eiserne»-Liao-Dynastie der Kitan aus Nordchina vertrieben hatten. Das Goldene Reich, das sich zu seiner Blütezeit vom Amur bis zum Jangtsekiang erstreckte, brach 1234 unter den Schlägen der mongolischen Weltmacht endgültig zusammen. Von Kitai, dem tatarischen Wort für die Kitan bzw. Kin, ist die westliche Bezeichnung Cathay = China abgeleitet.
42 GG 52

43 Die Geheime Geschichte sagt nicht, wann die Tataren besiegt wurden. In den verschiedenen Quellen werden Jahreszahlen zwischen 1194 und 1198 genannt (vgl. Anm. 37).

44 Zeltdorf, Mittelpunkt des Klans. Von Ordu ist die Bezeichnung Horde abgeleitet.

45 Kumys: saure Stutenmilch, die mit Holzkloben bis zur Gärung geschlagen wurde, für ein Festmahl so lange, bis das Getränk klar und berauschend war (Karakumys).

46 GG 53 f

47 Ringkampf, Bogenschießen und Pferderennen sind die drei «männlichen Sportarten», die die Mongolen auch heute noch mit Leidenschaft betreiben.

48 GG 55 f

49 Vgl. René Grousset: «Die Steppenvölker». München 1970. S. 290

50 GG 59 f

51 GG 61 f

52 GG 67

53 GG 69 f

54 Ein Mongole durfte so viele Ehe- und Nebenfrauen besitzen, wie er unterhalten konnte. (Im benachbarten Kulturkreis des Islam waren und sind dem Muslim vier Ehefrauen und außerdem Nebenfrauen gestattet, sofern er für sie aufkommen kann). Raschid ad-Din behauptet, Dschingis Khan habe auf dem Höhepunkt seiner Macht fünfhundert Hauptfrauen und Konkubinen besessen, die ihm auch als Tribut zugeführt wurden.

55 Eigentlich Nilqa oder Ilqa, bekannter unter seinem Titel Sanggum (Sängün).

56 GG 82 f. Die drei Ströme sind Kerulen, Tola und Onon, die nahe dem heiligen Berg Burhan Chaldun im heutigen Chentei-Gebirge entspringen, im Stammland der Manghol, *das unsere Ahnen begründet haben*. Botschaften, wie die hier zitierten, wurden zu jener Zeit noch ausschließlich in mündlicher Form überbracht, und zwar in einer poetischen Form, in gereimter Rede (Stabreime).

57 GG 88

58 Mitte des 12. Jahrhunderts, es war die Zeit des zweiten Kreuzzugs, hatten Gerüchte Europa erreicht, wonach es «östlich von Jerusalem» ein gewaltiges Reich Indien gebe, dessen Herrscher, ein Christ, dabei sei, den von den Türken hart bedrängten Glaubensstreitern zu Hilfe zu eilen. Er wurde Priester Johannes genannt. Die Nestorianer (vgl. Anm. 14) zählten den Priesterkönig zu den ihren und verbreiteten seinen Ruhm, denn sie waren daran interessiert, ihre über Asien verstreuten Gemeinden aufzuwerten. Schließlich wurde der Ong Khan der Kere'it, bei denen das nestorianische Christentum weit verbreitet war, mit König Johannes identifiziert, so auch durch Marco Polo, den venezianischen Reisenden, der Ende des 13. Jahrhunderts Ostasien für Europa «entdeckte».

59 Privilegien der Freien (Darchane) wie Befreiung von Zwangsabgaben (Steuerfreiheit), Straffreiheit in bestimmten Fällen u. a. m. Ausdrücklich wird den neuen Darchanen das Recht zugestanden, Kriegs- und Jagdbeute zu behalten; Dschingis Khan weicht hier und in anderen Fällen von seinem gerade erst erlassenen Befehl wieder ab, wonach die gesamte Beute zur Verteilung abzuliefern ist.

60 GG 91 f

61 Zur Altaiischen Völkerfamilie zählen Ost-Türken, Mongolen und Mandschu-Tungusen.
62 GG 94
63 GG 103
64 GG 108f
65 GG 111f
66 Im 6. Jahrhundert kam es im Kernland der Mongolei zu einer Vereinigung nomadisierender, aber auch ackerbautreibender Stämme, die unter dem Namen «Turkisches Khaganat» bekannt geworden ist. Die Führer dieses Zusammenschlusses nannten sich Khagane.
67 GG 126f
68 So genannt, weil (laut Herodot) jedes gefallene Mitglied der Truppe sofort ersetzt wurde.
69 GG 129f
70 GG 133f
71 Johann de Plano Carpini: «Geschichte der Mongolen und Reiseberichte 1245–1247», übers. v. Friedrich Risch, Leipzig 1930. Zit. bei Bertold Spuler: «Geschichte der Mongolen. Nach östlichen und europäischen Zeugnissen des 13. und 14. Jahrhunderts». Zürich 1968. S. 101. Die Missionen Plano Carpinis und Wilhelm von Rubruks bei den Mongolen beruhten auf einem politischen Mißverständnis ihrer Auftraggeber. Das Papsttum (und Frankreich), das die beiden Franziskanermönche nacheinander zu den «Tataren» entsandte, glaubte, in den Mongolen Verbündete gegen den Islam zu finden. Die Berichte der Reisenden wurden in lateinischer Sprache abgefaßt.
72 Vergleiche mit der Leibeigenschaft in Rußland und dem russischen Dienstadel, Erscheinungen späterer Jahrhunderte, können gezogen werden. Auffällig, wenn auch nicht verwunderlich (s. Anm. 34) ist es, daß sich gerade russische Historiker und Orientalisten (W. W. Barthold, B. Ja. Wladimirzow und andere) mit den sozialen und wirtschaftlichen Aspekten in der Geschichte der Mongolen befaßt haben.
73 Spuler, a. a. O., S. 107f
74 Die uigurische Schrift, geschrieben von rechts nach links, später von oben nach unten, geht auf eines der altsyrisch-aramäischen Alphabete zurück. Im Zuge der Angleichung zwischen geschriebenem und gesprochenem Wort und auch in dem Bemühen, die Äußere Mongolei fester an den russischen Kulturkreis zu binden, wurde 1945 in der Mongolischen Volksrepublik ein neues – kyrillisches – Alphabet eingeführt.
75 Raschid ad-Dins «Geschichtssammlung» aus dem frühen 14. Jahrhundert wurde unter dem Titel «Sbornik Letopisej» aus dem Persischen ins Russische übersetzt (Moskau/Leningrad 1946–1960). Ratchnevsky (a. a. O., S. 164) hat diese neueste russische Ausgabe ausgewertet.
76 GG 114
77 Vgl. Ratchnevsky, a. a. O., S. 165
78 Spuler, a. a. O., S. 98
79 Spuler, a. a. O., S. 96f
80 Spuler, a. a. O., S. 91f
81 Vgl. Grousset, a. a. O., S. 237f
82 GG 136
83 GG 137. Nach Angaben der Geheimen Geschichte haben die Feldzüge gegen

die *Waldvölker* 1207 stattgefunden, laut Raschid ad-Din zehn Jahre später. Es war übrigens Dschingis Khans Heerführer Qortschi, der die Rebellion der Tumat auslöste, weil er sich gerade dort die dreißig schönsten Mädchen des Reiches holen wollte, die ihm versprochen worden waren.

84 Die Dschürtschäten (Dschurdschen), ein altmandschurisches Volk, waren in der fernöstlichen Taiga zu Hause; sie lebten beiderseits des Ussuri, der heute die Grenze zwischen China und der Sowjetunion bildet.

85 Zusammenfassung des historischen Textes durch Grousset, a. a. O., S. 198

86 Alexej P. Okladnikow: «Neues aus der Archäologie des sowjetischen Fernen Ostens» (russ.). Deutsch: «Der Mensch kam aus Sibirien». Wien 1974. S. 259 f

87 Michael Prawdin: «Tschingis-Chan und sein Erbe». Stuttgart/Berlin 1938. S. 101. Michael Prawdin (Pseudonym), geb. 1894 in der Ukraine, gest. 1970 in London, hat sich in dieser «bis auf die Gegenwart fortgeführten Ausgabe» seiner Bücher ganz im Sinne der damaligen japanisch-deutschen Wunschvorstellungen geäußert. Der japanische Militarismus, so meditiert er, der sein asiatisches Großreich zu erobern begann, könnte sich als der wahre Erbe Dschingis Khans, als neuer Herrscher über Asien erweisen.

88 Begonnen wurde der riesige Schutzwall im 3. Jahrhundert v. Chr. Mit ihren vielen Abzweigungen war die Große Chinesische Mauer fast 6000 Kilometer lang. Erhalten blieben etwa 2500 Kilometer. Vom 14. bis 16. Jahrhundert wurde die Mauer in der heutigen Gestalt erneuert.

89 Raschid ad-Din, a. a. O.; Ratchnevsky, a. a. O., S. 98

90 Mit etwa 65 000 Mann war Dschingis Khan in China eingefallen. Hilfstruppen stellten die türkischen Öngüt. Schon zu Beginn des Krieges rebellierten die im Reich Kin verbliebenen Kitan, formierten ein eigenes Heer und verbanden sich mit den blutsverwandten Mongolen gegen die Dschürtschäten. So schmolz die Armee des Goldenen Kaisers zusammen, die auf ursprünglich 600 000 Mann geschätzt wurde.

91 GG 148

92 Grousset, a. a. O., S. 322 f

93 Das Gebiet jenseits des Oxus, zwischen Oxus (Amu-Darja) und Jaxartes (Syr-Darja), von der griechisch-persischen Welt aus gesehen, wird Transoxanien genannt.

94 Raschid ad-Din, a. a. O.; Ratchnevsky, a. a. O., S. 109

95 Neben Raschid ad-Din sind die persischen Historiker und Chronisten des 13. Jahrhunderts Ala ad-Din Dschuwaini und Dschusdschani die wichtigsten Quellen für die Ereignisse jener Zeit, insbesondere, so weit sie die islamischen Länder betreffen. Dschuwainis «Geschichte des Welteroberers» (verfaßt um 1260) hat John Andrew Boyle unter dem Titel «The History of the World Conquerer by Ala ad-Din Ata Malik Juwaini» (zwei Bände, Manchester 1958) aus dem Persischen ins Englische übersetzt.

96 Dschuwaini, a. a. O.; Boyle, a. a. O. Bd. I, S. 80

97 Choresm-Schah war der traditionelle Titel der Herrscher des Reiches Choresm; Muhammed II. nannte sich statt dessen Sultan. Zur Geschichte des Staates der Choresm-Schahs s. Kapitel «Die Welt jenseits der Grenzen». Im politischen Kräftespiel hat Choresm nach dem Mongolensturm keine Rolle mehr gespielt.

98 Dschuwaini, a. a. O.; Boyle, a. a. O. Bd. I, S. 145

99 Eine Treuepflicht gegenüber Choresm kannten die Städte der Transoxiana

nicht, die Sultan Muhammed in seine Gewalt gebracht hatte.

100 Chorasan (Khorasan), der klassische geographische Begriff, umfaßte das heutige nördliche Afghanistan und Nordostpersien. Als politischer Faktor traten die afghanischen Stämme erst im 17. Jahrhundert in Erscheinung. Achmed Schah vom Stamm der Abdali entzog Mitte des 18. Jahrhunderts Afghanistan der Vormundschaft Persiens.

101 Mütügens Vater Tschagatai, Dschingis Khans zweitältester Sohn, nahm wie seine drei Brüder am Westfeldzug teil.

102 Mehr als hundert Jahre blieben Persien und Afghanistan als Reich der Ilkhane – Nachkommen Dschingis Khans der jüngeren Linie – unter mongolischer Herrschaft. Danach gehörte die Region zum turkomongolischen Imperium Timurs (Tamerlans). Dschingiskhaniden und Timuriden ergaben sich schließlich der iranischen Kultur, sie paßten sich an und wurden assimiliert.

103 Dschuwaini, a. a. O.; Boyle, a. a. O. Bd. I, S. 134 f. In der Geheimen Geschichte werden die Kriege im Süden und Westen sehr summarisch abgehandelt.

104 Qyptschaq in seiner eigenen Sprache, Kumanen in westlichen Quellen.

105 Längst hatte das einst glanzvolle Kiewer Russenreich seine Bedeutung verloren; neue Zentren des staatlichen Lebens entstanden: das Fürstentum Wladimir im Nordosten, Nowgorod im Norden, das Fürstentum Galitsch (Halitsch)-Wolhynien im Südwesten.

106 Adolf Stender-Petersen: «Geschichte der russischen Literatur». München 1957. Bd. I, S. 136 f

107 Ende 1237 waren die Mongolen (ihre Stärke wurde auf 150 000 Mann geschätzt) in das Fürstentum Rjasan eingefallen, nachdem sie die Wolgabulgaren unterworfen hatten. Bis zum Frühjahr 1238 wurden u. a. die folgenden Städte des russischen Kernlandes eingenommen und zerstört: Rjasan, Kolomna, Moskau (damals noch ein zweitrangiger Ort im Fürstentum Wladimir), Susdal, Wladimir, Rostow, Jaroslawlj. Nowgorod, durch undurchdringliche Wälder und Sümpfe geschützt, blieb verschont. Dann wandten sich die Eindringlinge nach Süden, kämpften gegen die Polowzer und nahmen Tschernigow (1239). Ende Dezember 1240 fiel Kiew. Die meisten Städte wurden erbittert verteidigt.

108 Schon zu Lebzeiten hatte Dschingis Khan Vorkehrungen für den Fall seines Todes getroffen. Jedem seiner vier Söhne, bzw. deren Nachkommen, wurde ein Ulus (Befehlsbereich) zugesprochen. Zur «Goldenen Horde», dem Herrschaftsgebiet der Nachkommen des frühverstorbenen ältesten Sohnes Dschotschi, gehörte die riesige Landmasse zwischen Sibirien und dem Schwarzen Meer. Khan Batu, der Rußland unterwarf, war als ältester Sohn Dschotschis der erste Khan der Goldenen Horde. Dem Großkhan (Kha Khan) als Oberhaupt der Dschingiskhaniden fiel der wichtigste Ulus zu: das mongolische Kernland und China.

109 Spuler, a. a. O., S. 88 f

110 Durch Zählungen der Menschen und Häuser, des Viehs usw. in allen Teilen des Reiches hatten sich die Mongolen einen Überblick über die Tributmöglichkeiten verschafft.

111 Wegen seines Reichtums erhielt Iwan Danilowitsch den Beinamen «Kalita» (Geldsack). Es war mongolische Politik, die russischen Fürsten gegeneinander auszuspielen. Skrupellos nutzte Iwan Kalita seinerseits die vom Khan be-

günstigte Stellung aus, um seine Macht gegenüber seinen Landsleuten zu stärken. Auf Kosten der Nachbarfürsten dehnte Iwan Kalita seine Besitzungen beträchtlich aus. In seiner Regierungszeit (1325–40) wurde die Grundlage für einen zentralisierten russischen Staat unter der Führung Moskaus gelegt, und mit dem Erstarken Moskaus zerbröckelte die mongolische Herrschaft. Der Moskauer Großfürst Iwan III. Wassiljewitsch schüttelte das «Tatarenjoch» endgültig ab (1480).

112 Vgl. Reinhold Neumann-Hoditz: «Peter der Große». Reinbek 1983 (rowohlts monographien Bd. 314).

113 Fjodor M. Dostojewskij im Januar 1881 in seinem «Tagebuch eines Schriftstellers» anläßlich eines russischen Sieges in Turkestan.

114 GG 149 f

115 Das war eine Anspielung darauf, daß Dschotschis Mutter Börte ihr Kind als Gefangene der Merkit zur Welt gebracht hatte (vgl. Kapitel «Temudschins Jugend»). Dschingis Khan hat Dschotschi stets als seinen Sohn anerkannt; dennoch spielte dieser in der Familie eine Außenseiterrolle. Dschotschi wandte sich gegen die Kriegführung der verbrannten Erde, die Dschingis Khan, assistiert von den anderen Söhnen, im Westfeldzug praktizierte. Er starb (im Februar 1227), ehe der Streit politische oder militärische Folgen nach sich ziehen konnte.

116 Zitiert bei Plano Carpini. Spuler, a. a. O., S. 100. Carpini berichtet, in indirekter Rede, auch von einer anderen Verordnung Dschingis Khans, wonach sich die Mongolen die ganze Welt unterjochen sollten und mit keinem Volk Frieden halten dürften, das sich ihnen nicht zuvor unterworfen hat. Bei dieser Relation Carpinis ist Vorsicht geboten, denn der Gesandte vermerkt, nachdem Dschingis Khan seine neuen Anordnungen verkündet hatte, sei er von einem Blitz tödlich getroffen worden. Darüber allerdings weiß die sonstige Überlieferung nichts.

117 GG 160 f

118 Raschid ad-Din und das «Yüan-shi», die offizielle Geschichte der Yüan, sprechen nur allgemein von einer Krankheit Dschingis Khans, die zum Tode führte. Plano Carpini ließ sich von einem Blitzschlag berichten (vgl. Anm. 116). Marco Polo dagegen erfuhr, Dschingis Khan sei an einer Wunde gestorben, die er bei der Belagerung der Festung Thaigin (Taitung) durch einen Pfeilschuß ins Knie erhalten hatte. Dieser Vorfall ist auch aus anderen Quellen bekannt, er trug sich aber schon 1212 im chinesischen Feldzug zu. Dschingis Khan konnte nicht an den Folgen einer relativ harmlosen Verletzung gestorben sein, die er fünfzehn Jahre zuvor erlitt. Eine spätere mongolische «Überlieferung» läßt den Nationalhelden gar zum Opfer des Racheaktes einer schönen Frau werden: Kürbeldschin-goa, Gattin des Königs der Tangut, brachte beim Geschlechtsverkehr dem Mongolen, mittels einer eingeführten mechanischen Vorrichtung, eine Wunde bei. Dschingis Khan, der den Mann Kürbeldschin-goas hatte hinrichten lassen, verblutete. Nach der Tat stürzte sich die Rächerin in die Fluten des Huang-ho. (Sanang Setschen: «Geschichte der Ostmongolen und ihres Fürstenhauses» aus dem Jahr 1662. Ins Deutsche übersetzt von Isaak Jakob Schmidt, St. Petersburg 1829.)

119 Dieses Datum nennen Dschuwaini und das «Yüan-shi»

120 GG 163

121 Marco Polo: «Von Venedig nach China». Tübingen 1982. S. 106. Über mon-

golische Gepflogenheiten konnte sich der Venezianer an der Quelle unterrichten, denn zur Zeit seiner großen Asienreise herrschte in China der Mongole Kubilai, ein Enkel Dschingis Khans.

122 Nach Sanang Setschen, a. a. O. Zitat bei Prawdin, a. a. O., S. 218. Sanang Setschen, der mongolische Geschichtsschreiber des 17. Jahrhunderts, stammt aus dem Ordos-Gebiet, das nach einem Mongolenstamm benannt wurde, der im Bogen des Gelben Flusses lebte.

123 Vgl. Walther Heissig: «Die Mongolen – Ein Volk sucht seine Geschichte». München 1978. S. 11f (s. Anm. 8)

124 Johann de Plano Carpini hatte das päpstliche Schreiben «An König und Volk der Tataren» im Heerlager der Mongolen, vielleicht war es Karakorum, übergeben, wo Göjük gerade auf einem Quriltai als Großkhan eingesetzt wurde. Die Antwort Göjüks, die Carpini nach Europa zurückbrachte, war in persischer Sprache abgefaßt und mit dem Siegel des Großkhans versehen. Deutsche und lateinische Übersetzung bei Spuler, a. a. O., S. 83f.

125 GG 162f

126 A. G. Galstjan: «Die Mongolen nach armenischen Quellen» (russ.). Moskau 1962. Zitiert bei Ratchnevsky, a. a. O., S. 174

127 Spuler, a. a. O., S. 90

128 Spuler, a. a. O., S. 138f. Zitat aus: «Der Bericht des Franziskaners Wilhelm von Rubruk über seine Reise in das Innere Asiens in den Jahren 1253–1255». Aus dem Lateinischen übersetzt von Hermann Herbst. Leipzig 1925. Großkhan Möngke, mit dem Rubruk in Karakorum ausführliche Gespräche führte, regierte von 1251 bis 1259.

129 Dschuwaini, a. a. O.; Boyle, a. a. O. Bd. I, S. 39

130 GG 139

131 Dschingis Khan und sein Bruder Chasar waren tatsächlich nicht immer einer Meinung; Chasar hatte gelegentlich eigenmächtig gehandelt. Sanang Setschen spricht sogar von einer Verschwörung Chasars gegen den Herrscher.

132 GG 142

133 Berichte des Chinesen Zhao Hong und des Persers Dschusdschani, zitiert bei Ratchnevsky, a. a. O., S. 130

134 Grousset, a. a. O., S. 347

135 Ratchnevsky, a. a. O., S. 133. Die Briefe erreichten Changchun auf der Heimreise nach China, nachdem er Dschingis Khan auf dessen nachdrücklichen Wunsch hin aufgesucht hatte. So sehr war der Khan von Changchun eingenommen, daß er den taoistischen Priestern von da an Steuerfreiheit und ihren Klöstern seinen besonderen Schutz gewährte.

136 Ratchnevsky, a. a. O., S. 136

137 Als Knabe fürchtete sich Temudschin vor den Hunden, als Mann vor dem Zorn seiner alten Mutter. *Große Angst* hatte er beim Überfall der Merkit und beim Zusammenstoß mit dem Schamanen Kökötschü und dessen Anhang.

138 Grousset verweist auf die Entwicklung der Artillerie. Mit Kanonen wurden die Eindringlinge aus der Steppe schließlich gestoppt: «Die Kanonaden, durch die Zar Iwan der Schreckliche Mitte des 16. Jahrhunderts die letzten Erben der Goldenen Horde zerstreute, die Geschützsalven, durch die der chinesische Kaiser Kang-hsi die Kalmücken in die Flucht jagte, beendeten eine Periode der Weltgeschichte.» (a. a. O., S. 13)

139 Selbst René Grousset, der seriöse Historiker, schreibt: «Die ‹Führerrassen›,

die zur Großherrschaft bestimmten Nationen, sind nicht zahlreich. Neben den Römern gehören die Turkomongolen zu ihnen.» (a. a. O., S. 27) Michael de Ferdinandy versteigt sich zu bewundernder Schwärmerei, wenn er den Mythos der (männlichen) Macht beschwört, den Dschingis Khan habe erleben dürfen. Michael de Ferdinandy: «Tschingis Khan – Der Einbruch des Steppenmenschen». Hamburg 1958. S. 156. Dem deutschen «Führer» und Eroberer Adolf Hitler diente Dschingis Khan bei dem unprovozierten Überfall auf Rußland gewissermaßen als Alibi. So tönte Hitlers Propaganda, die deutsche Wehrmacht sei dem «Mongolensturm eines neuen Dschingis Khan zuvorgekommen» («Deutsche Wochenschau» vom 8. Oktober 1941).

140 Viel ungehemmter als Dschingis Khan und seine Mongolen auf ihren Kriegszügen hat der Türke Timur (Tamerlan), er regierte von 1370 bis 1405, in seinem turkomongolischen Reich gewütet; und dies war ein, im Vergleich zu Dschingis Khan, durchaus kultivierter Herrscher. «Barbarische» Grausamkeit war auch in jener Epoche auf allen Zivilisationsstufen anzutreffen; man denke nur an die Greuel christlicher Kreuzfahrer gegenüber den «ungläubigen» Muslimen.

141 Alle Dschingiskhaniden und die Timuriden, bis hin zu Babur, dem Begründer des indischen Reiches der Großmogul, haben sich auf die Gesetze Dschingis Khans berufen.

142 Die Straßen der Seide und anderer begehrter Güter des Ostens wie des Westens waren, seit der militante Islam auch in Mittelasien an Boden gewann, praktisch verschüttet gewesen.

Zeittafel

936	Die altmongolischen Kitan dringen in Nordchina ein.
947–1125	Liao-Dynastie der Kitan in Peking.
Anfang des 12. Jahrh.	Erste Versuche, die Mongolen zu einigen. Der Zusammenschluß der Stämme, den Kabul Khan zuwege bringt, ist jedoch nicht von Dauer.
1123	Die Dschürtschäten, ein altmandschurisches Volk, haben die Macht der Kitan gebrochen. Ein Teil der Kitan weicht nach Westen aus und gründet im östlichen Turkestan das Reich Kara-Kitai.
1125–1234	Die Goldene Dynastie der Kin (Dschürtschäten) in Nordchina.
1162	Temudschins Geburt.
um 1171	Tod Jesügeis.
um 1190	Mehrere Mongolenstämme erheben Temudschin zum Khan mit dem Titel Dschingis Khan, das heißt ozeangleicher Herrscher.
um 1196	Als Verbündeter der Kin zieht Dschingis Khan zusammen mit den Kere'it gegen die Tatar ins Feld.
1201	Im Kampf um die Alleinherrschaft über die Mongolen wird Dschamucha, Dschingis Khans Rivale, zum Gegenkhan proklamiert.
1202	Vernichtung der Tatar.
1203–1204	Dschingis Khan besiegt den Ong Khan der Kere'it und die Naiman. Hinrichtung Dschamuchas.
1206	Die turkomongolischen Stämme und Völker rufen Dschingis Khan zu ihrem Herrscher aus. Damit ist die Einigung der Mongolen in einem Nationalstaat vollzogen. Dschingis Khan beginnt mit dem Aufbau eines straff organisierten feudalistischen Militärstaates. Er erläßt Gesetze, die *Jassah,* die zur Konsolidierung des entstehenden Reiches beitragen.
1209	Die türkischen Uiguren unterstellen sich der Souveränität Dschingis Khans.
1209–1210	Der Staat der Tangut wird unterworfen.
um 1210	Entmachtung des Schamanen Kökötschü.
1211	Krieg gegen das Reich Kin. Erst Dschingis Khans Nachfolger Ogodai kann ihn erfolgreich beenden (1234).
1215	Peking fällt in die Hände der Mongolen.
1218	Die Mongolen dringen in Ostturkestan ein; sie werden von der muslimischen Bevölkerung als Befreier begrüßt. Gebot Dschingis Khans, jedwede Religion zu achten.
	Der Zwischenfall von Otrar: eine mongolische Handelsdelegation wird von den Choresmiern niedergemacht.
1219	Dschingis Khan nimmt Rache. Mit 150 000 Mann wendet er sich gegen

	Muhammed II., den Sultan von Choresm. Er erobert Buchara und Samarkand (1220), Urgentsch (1221) und überschreitet den Amu-Darja.
1221	Einfall in Afghanistan und Chorasan. Im Spätjahr erreicht Dschingis Khan den Indus, wo er innehält.
1222	In seinem Lager am Hindukusch empfängt Dschingis Khan den taoistischen Philosophen Changchun, mit dem er freundschaftlich verbunden bleibt.
	Dschebe und Sübütai, die Feldherren Dschingis Khans, stoßen durch Persien in den Kaukasus vor und schlagen die Georgier.
1223	Schlacht an der Kalka in der Steppe am Asowschen Meer. Die Mongolen besiegen die vereinigte Streitmacht der Russen und Polowzer. Die Sieger machen einen Abstecher auf die Krim und kehren über die Wolga nach Mittelasien zurück.
1225	Dschingis Khan, der Afghanistan im Herbst 1222 verlassen hatte, trifft wieder im mongolischen Kernland ein.
1226	Strafexpedition gegen die aufsässigen Tangut; es ist der letzte Feldzug des Mongolenherrschers.
1227	Dschingis Khan stirbt im Land der Tangut; er wurde 65 Jahre alt.

Die Nachfolger haben das mongolische Großreich beträchtlich erweitert. Am Ende des 13. Jahrhunderts beherrschten die Dschingiskhaniden ganz China, Mittelasien, Iran, Irak und weite Teile Rußlands. Eineinhalb Jahrhunderte hatte das Imperium Bestand. Bürgerkriege und Assimilierung förderten seinen Zerfall. In China mußten die Mongolen den einheimischen Ming weichen (1368). Mitte des 14. Jahrhunderts löste sich der Staat der Ilkhane in Persien auf. Der Türke Timur (Tamerlan), der sich als ein Erbe Dschingis Khans betrachtete, eroberte im westlichen Asien ein neues turkomongolisches Reich, das nach seinem Tod (1405) schnell zerfiel. (Babur, ein Nachkomme Timurs, begründete 1526 im nördlichen Indien jene Dynastie, deren Name – Mogul: persisch = Mongole – noch einmal die Erinnerung an die Herren Asiens beschwor.) Die Goldene Horde, das Steppenkhanat, das sich von Sibirien bis nach Rußland hinein erstreckte, hielt sich am längsten. Erst 1480 schüttelte der Moskauer Großfürst das mongolische Joch endgültig ab.

Zeugnisse

Marco Polo

Zu ihrem König wählten die Tataren Dschingis Khan, einen Mann von erprobter Rechtlichkeit, großer Weisheit, mächtiger Beredsamkeit und außerordentlicher Tapferkeit. Dieser begann seine Regierung so gerecht und so gemäßigt, daß sein Volk ihn mehr als einen Gott liebte und verehrte. Und der Ruhm seiner bedeutenden Eigenschaften breitete sich über jenen Teil der Welt aus, so daß alle Tataren, wie weit sie auch verstreut sein mochten, sich seinem Befehl unterstellen. Da er sich nun an der Spitze so vieler tapferer Männer sah, erwuchs der Wunsch in ihm, aus der Wüste, die ihn umgab, hinauszuziehen ... Dann machte er sich zum Herrn von Städten und Ländern, und der Erfolg seiner Gerechtigkeit sowie seiner anderen Tugenden war so groß, daß das Volk überall bereit war, sich ihm zu unterwerfen, und sich glücklich schätzte, wenn es unter seinen Schutz treten konnte. Auf diese Weise kam er in den Besitz vieler neuer Länder.

Bericht des venezianischen Reisenden, der im Dienst des Mongolenkhans Kubilai gestanden hatte (Ende des 13. Jahrhunderts)

Abul Gasi Behadur

So war es unter der Regierung Dschingis Khans: Das ganze Land zwischen Iran und Turan erfreute sich der Ruhe. Mit einem goldenen Teller auf dem Kopf hätte jemand von Sonnenaufgang bis Sonnenuntergang einhergehen können und nicht die geringste Gewalttätigkeit wäre ihm von irgendeiner Seite zugestoßen.

Der Khan von Chiwa (1643–65) in seinem Geschichtswerk «Stammbaum der Türken»

Édouard Chavannes

Wenn Dschingis Khan einen der Throne der großen europäischen Völkerfamilie innegehabt hätte, dann wäre sein Name auf uns gekommen, umstrahlt von dem traditionellen Ruhm, der an die Namen aller unserer großen Eroberer geknüpft ist ... Die Kriege, die er unternahm, waren nicht ungerechter als die Feldzüge Alexanders des Großen und Caesars ... Aber Dschingis Khan war ein Barbar, und aus diesem einzigen Grunde, weil er sich außerhalb der zivilisierten Welt befand, ist er für sie nichts weiter als einer dieser vom Glück begünstigten Räuber, deren Namen sie nur mit Entsetzen und Abscheu ausspricht.

Der französische Historiker und Turkologe in seinem Buch «Asiatische Eroberungen der Mongolen und der Tataren» (1844)

Karl Marx
So verschwindet das Rußland der Normannen gänzlich von der Bühne, und die wenigen, schwachen Erinnerungen, in denen es sich noch überlebte, vergehen mit dem schrecklichen Erscheinen Dschingis Khans. Der blutige Schlamm mongolischer Sklaverei und nicht die rüde Herrlichkeit der Normannenzeit war Moskaus Wiege, und das moderne Rußland ist nur eine Metamorphose dieses monglischen Moskaus ... Die mongolischen Tataren begründeten eine systematische Schreckensherrschaft, zu deren Einrichtungen Verwüstung und Massenmord gehörten. Da ihre Zahl, gemessen an ihren gewaltigen Eroberungen, gering war, suchten sie sich zur Befestigung ihrer Macht mit einem Schein des Schreckens zu umgeben und durch gewaltige Metzeleien die Völker zu dezimieren, die sich hinter ihrem Rücken erheben könnten. In den von ihnen geschaffenen Verwüstungen wurden sie übrigens von dem gleichen ökonomischen Prinzip geleitet, welches das schottische Hochland und die römische Campagna entvölkert hat, Menschen durch Schafe zu ersetzen, fruchtbares Land und volkreiche Ansiedlungen in Weideland zu verwandeln.

«Enthüllungen zur Geschichte der Diplomatie im 18. Jahrhundert» (1856)

Jawaharlal Nehru
Viele Leute glauben, daß die Mongolen Barbaren waren, weil sie nomadisierten. Das ist ein Irrtum. Sie waren natürlich der städtischen Künste und Handfertigkeiten nicht kundig, aber sie hatten durchaus einen eigenen Lebensstil entwickelt und eine komplizierte Gesellschaftsordnung. Wenn sie auf dem Schlachtfeld große Siege errangen, so nicht, weil sie an Zahl überlegen waren, sondern wegen ihrer Disziplin und guten Organisation. Vor allem aber waren diese Siege der glänzenden Führung durch Dschingis Khan zu verdanken, denn Dschingis Khan ist zweifellos das größte militärische Genie der Geschichte gewesen. Alexander und Caesar erscheinen ihm gegenüber klein ... Dschingis Khan war zweifellos sehr grausam, aber darin unterschied er sich nicht sonderlich von vielen Herrschern der damaligen Zeit. Die afghanischen Könige Indiens benahmen sich nicht anders, nur in kleinerem Maßstab ... Der Vernichtung der

«Reich ist . . .

... wer keine Schulden hat, glücklich, wer ohne Krankheit lebt», sagt ein mongolisches Sprichwort.

Das ist weise gedacht. Aber sicher spricht nichts dagegen, noch ein bißchen reicher zu sein ...

Städte lag noch ein anderes Motiv zugrunde. Dschingis Khan war Nomade und haßte Städte. Er liebte das Leben in der freien Steppe und auf großen Ebenen ... Seine Vorstellung war, Nomadenleben und Zivilisation miteinander in Einklang zu bringen. Doch das war und ist nicht möglich ... Dschingis Khan fesselt mich. Ist es nicht merkwürdig, daß dieser wilde, grausame und heftige Feudalhäuptling eines Nomadenstammes mich, einen friedfertigen, der Gewaltlosigkeit zugetanen und zur Milde neigenden Menschen, einen Stadtbewohner, der alles Feudale verabscheut, zu fesseln vermag?

Weltgeschichtliche Betrachtungen – Briefe an Indira (1932)

Owen Lattimore
Falsch und irreführend ist es, die rasanten Fortschritte der Mongolen auf geistigem Gebiet so zu kommentieren, als hätten sich diese Nachfahren der wilden Krieger Dschingis Khans sozusagen übergangslos ans Steuer von Düsenflugzeugen gesetzt. Mit solchen bildhaften journalistischen Redensarten wird der Barbarei und dem Bildungsmangel der mongolischen Vergangenheit ein zu hoher Stellenwert eingeräumt. Zu solcher Verzerrung haben mongolische Revolutionäre allerdings beigetragen, denn es war eine Zeitlang Mode, an der Vergangenheit insgesamt keinen guten Faden zu lassen, damit die revolutionäre Gegenwart glänzender und die Zukunft um so verheißungsvoller erschien. In Wahrheit hat Dschingis Khan selbst, obwohl er nie lesen und schreiben lernte, Männer von Verstand und Wissen nicht nur respektiert, sondern er hat es auch verstanden, sich ihrer zu bedienen. Durch ihre Eroberungen kamen die Mongolen mit den Kulturen Chinas und Irans und, weiter ausgreifend, mit der Zivilisation Indiens und der Araber in Berührung. Mit dieser Kontaktaufnahme bildete sich in den Reihen der Mongolen eine Intelligenzschicht heraus – man kann sie gerechterweise so nennen –, und zwar zum Teil innerhalb der herrschenden Klasse, zum Teil im Dienst dieser Klasse, und Kubilai Khan, Dschingis Khans Enkel, war vermutlich genauso sorgfältig erzogen und kultiviert wie irgendein europäischer Herrscher seiner Zeit.

Der amerikanische Mongolist nach seinem Besuch in der Mongolischen Volksrepublik (1962)

Große Sowjetenzyklopädie
Die Eroberungskriege Dschingis Khans und seiner Nachfolger, durch die sich die mongolische feudale Oberschicht bereicherte, haben die Völker der unterworfenen Länder (die sich zumeist auf einer höheren Stufe der wirtschaftlichen und kulturellen Entwicklung befanden), in unsagbares Unglück gestürzt. Auch die Entwicklung der Mongolei selbst, die Situa-

tion der Masse der mongolischen Bevölkerung, der einfachen Araten, wurde dadurch negativ beeinflußt. Die Kriege verzehrten die schöpferischen Kräfte des Staates und hatten seinen politischen, wirtschaftlichen und kulturellen Niedergang zur Folge. Das mongolische Imperium, das keine einheitliche wirtschaftliche Grundlage besaß und sich in inneren Gegensätzen zerfleischte, begann somit schon bald zu zerfallen.

3. Ausgabe 1974–1978

Bibliographie

1. Frühe Berichte

Mongolische Quellen

Die Geheime Geschichte der Mongolen (1240). Mongolisch: Manghol un niuca tobca'an; chinesisch: Yüan chao pi-shi. Aus der chinesischen Transkription im mongolischen Wortlaut wiederhergestellt (Leipzig 1937), ins Deutsche übersetzt und erläutert (Leipzig 1941) von ERICH HAENISCH; neu herausgegeben von WALTHER HEISSIG. Düsseldorf 1981

Altan tobtschi (Die Goldene Geschichte). Eine Chronik aus dem Jahr 1604. Vgl. BAWDEN, C. R.: The Mongol Chronicle Altan tobči. Göttinger Asiatische Forschungen. Bd. 5. Wiesbaden 1955 und SCHASTINA, N. P.: Lubsan Dansan. Altan tobtschi. Moskau 1973 (russ.)

SANANG SETSCHEN: Geschichte der Ostmongolen und ihres Fürstenhauses (1662). Ins Deutsche übersetzt von ISAAK JAKOB SCHMIDT. St. Petersburg 1829

ŽAMCARANO, C. Ž.: The Mongol Chronicles of the Seventeenth Century. Göttinger Asiatische Forschungen. Bd. 3. Wiesbaden 1955

Chinesische Quellen

Yüan-shi. (Offizielle) Geschichte der Yüan. Erster Teil unter dem Titel «Cingis Han» ins Deutsche übersetzt von F. E. A. KRAUSE. Heidelberg 1922

Shengwu qinzheng lu. Die Aufzeichungen der von dem weisen und kriegerischen Kaiser persönlich geführten Kriegszüge

Beide Werke stammen aus dem 13. und 14. Jahrhundert.

Muslimische Quellen

RASCHID AD-DIN: Geschichtssammlung. Anfang des 14. Jahrh. Das Geschichtswerk des jüdisch-persischen Historikers liegt auf deutsch nur in Teilübersetzungen vor. Franz von Erdmann hat die Dschingis Khan betreffenden Abschnitte für sein Buch «Temudschin der Unerschütterliche», Leipzig 1862, übersetzt. Eine Gesamtausgabe erschien in russischer Übersetzung. Raschid ad-Din: Sbornik Letopisej. Moskau/Leningrad 1946–1960

DSCHUWAINI, ALA AD-DIN: Geschichte des Welteroberers. Etwa 1260. Ins Englische übersetzt von JOHN ANDREW BOYLE: The History of the World Conquerer by Ala ad-Din Ata Malik Juwaini. Zwei Bände. Manchester 1958

Auszüge aus dem Werk des persischen Chronisten Dschusdschani (13. Jahrh.) bei

H. G. Raverty: A General History of the Muhammadan Dynasties of Asia. Zwei Bände. London 1881

Abul Gasi Behadur: Stammbaum der Türken. Mitte des 17. Jahrh. In seinem Buch «Temudschin der Unerschütterliche», Leipzig 1862, hat Franz von Erdmann das Geschichtswerk des Khans von Chiwa mitverarbeitet.

Armenische Quellen

Altunian, Georg: Die Mongolen und ihre Eroberungen in kaukasischen und kleinasiatischen Ländern im 13. Jahrhundert. Berlin 1911. Der Verfasser hat die zahlreichen armenischen Zeugnisse aus dem 13. Jahrhundert ausgewertet und zusammengefaßt.

Galstjan, A. G.: Die Mongolen nach armenischen Quellen. Moskau 1962 (russ.)

Westeuropäische Quellen

Carpini, Johann de Plano: Geschichte der Mongolen und Reiseberichte 1245–1247. Aus dem Lateinischen übersetzt von Friedrich Risch. Leipzig 1930

Rubruk, Wilhelm von: Der Bericht des Franziskaners Wilhelm von Rubruk über seine Reise in das Innere Asiens in den Jahren 1253–1255. Aus dem Lateinischen übersetzt von Hermann Herbst. Leipzig 1925

Marco Polo: Von Venedig nach China. Tübingen 1982

Wyngaert, Anastasius van den: Itinera et relationes fratrum minorum saeculi XIII et XIV. Quaracchi (Florenz) 1929

Spuler, Bertold: Geschichte der Mongolen nach östlichen und europäischen Zeugnissen des 13. und 14. Jahrhunderts. Zürich 1968

2. Neuere wissenschaftliche Werke

Allgemeine Geschichte, Ethnologie, Mythologie

Alföldi, A.: Die theriomorphe Weltbetrachtung in den hochasiatischen Kulturen. Jahrbuch des Deutschen Archäologischen Instituts. Berlin 1931

Altheim, Franz: Reich gegen Mitternacht – Asiens Weg nach Europa. rowohlts deutsche enzyklopädie (rde). Hamburg 1955
Der unbesiegte Gott – Heidentum und Christentum. rde. Hamburg 1957

Bansarow, Dorschi: Schwarzer Glaube in Gesammelte Werke. Moskau 1955 (russ.)

Barthold, Wilhelm W.: Zur Geschichte des Christentums in Mittelasien bis zur mongolischen Eroberung. Tübingen 1901
12 Vorlesungen über die Geschichte der Türken Mittelasiens. Hildesheim 1962

Bawden, C. R.: Astrologie und Divination bei den Mongolen. Zeitschrift der Deutschen Morgenländischen Gesellschaft Nr. 108. Wiesbaden 1958

Boulnois, Luce: Die Straßen der Seide. Wien 1964

Commeaux, Ch.: La vie quotidienne chez les Mongols de la conquête. Paris 1972

Eberhard, W.: Kultur und Siedlung der Randvölker Chinas. Suppl. zu Vol. XXXVI der Zeitschrift T'oung Pao. Leiden 1942
Lokalkulturen im alten China. Erster Teil: Die Lokalkulturen des Nordens und Westens. Suppl. zu Vol. XXXVII der Zeitschrift T'oung Pao. Leiden 1942

EICKSTEDT, E. v.: Rassendynamik von Ostasien. Berlin 1944

ELIADE, MIRCEA: Von Zalmoxis zu Dschingis Khan. Köln 1982

FERDINANDY, MICHAEL DE: Tschingis Khan – Der Einbruch des Steppenmenschen. rde. Hamburg 1958

FRANKE, OTTO: Geschichte des chinesischen Reiches. 5 Bde. Berlin 1930–1952

Große Sowjetenzyklopädie: Stichwort Mongolija ff. 3. Ausgabe. Moskau 1974 (russ.)

GROUSSET, RENÉ: Histoire de l'Asie. 3 Bde. Paris 1922

Histoire de l'Extrême Orient. Paris 1929

L'Empire Mongol. Paris 1941

L'Empire des Steppes. Paris 1965. Deutsche Übersetzung: Die Steppenvölker. Attila – Dschingis Khan – Tamerlan. München 1970

HAENISCH, ERICH: Die Kulturpolitik des mongolischen Weltreiches. Vorträge und Schriften der Preußischen Akademie der Wissenschaften. Heft 17. Berlin 1943

HEISSIG, WALTHER: Die Religionen der Mongolei. In: Die Religionen der Menschheit, Hg. CH. M. SCHRÖDER, Bd. 20. Stuttgart 1970

Geschichte der mongolischen Literatur. 2 Bde. Wiesbaden 1972

Die Mongolen – Ein Volk sucht seine Geschichte. München 1978

HOWORTH, H. H.: History of the Mongols from the 9th to the 19th Century. 4 Bde. London 1876–1888

IPSIROGLU, M. S.: Malerei der Mongolen. München 1965

JAGCHID, S., und HEYER, P.: Mongolia's Culture and Society. Boulder (Col.) 1979

JAHN, KARL: Die Chinageschichte des Rašid ad-Din. Wien 1971

JETTMAR, KARL: Die frühen Steppenvölker. Baden-Baden 1980

KISELJEW, S. W.: Die Mongolei im Altertum. Bulletin der Akademie der Wissenschaften der UdSSR. Bd. 14. Moskau 1947 (russ.)

Alte Städte der Mongolei. Sowjetische Archäologie. Heft 2. Moskau 1957 (russ.)

KLJUTSCHEWSKIJ, WASSILIJ O.: Geschichte Rußlands. 4 Bde. Stuttgart 1925–1926

KRAUSE, F. E. A.: Geschichte Ostasiens. Göttingen 1925

LATTIMORE, OWEN: Mongol Journeys. London 1941

Nationalism and Revolution in Mongolia. Leiden 1955

Nomaden und Kommissare. Die Mongolei gestern und heute. Stuttgart 1964

LE COQ, A. v.: Von Land und Leuten in Ost-Turkistan. Berlin 1928

MOSTAERT, A.: Matériaux ethnographiques rélatives aux Mongols Ordos. In: Central Asiatic Journal, Vol. I. Den Haag 1956

MUNKUJEW, N. C.: Die ersten mongolischen Khane nach chinesischen Quellen. Moskau 1965 (russ.)

NASSONOW, A. N.: Die Mongolen und das alte Rußland (Rußj). Moskau 1940 (russ.)

D'OHSSON, C.: Histoire des Mongols. 4 Bde. Amsterdam 1834

OKLADNIKOW, ALEXEJ P.: Der Mensch kam aus Sibirien. Wien 1974

PALLADIJ (KAFAROW), P. I.: Reiseaufzeichnungen über die Mongolei. St. Petersburg 1892 (russ.)

POSDNEJEW, A. M.: Die Mongolei und die Mongolen. St. Petersburg 1896 (russ.)

SAINT-DENIS, MARQUIS D'HERVEY DE: Ethnographie des peuple étrangers à la Chine. Vol. I: Orientaux. Genf 1876

SPULER, BERTOLD: Die Goldene Horde. Die Mongolen in Rußland 1223 bis 1502.

Wiesbaden 1965

Die Mongolen in Iran. Politik, Verwaltung und Kultur der Ilchanzeit 1220–1350. Berlin 1968

TAUBE, M. und E.: Schamanen und Rhapsoden. Die geistige Kultur der alten Mongolei. Wien 1983

VERNADSKY (WERNADSKIJ), GEORGE: The Mongols and Russia. New Haven 1953

WITTFOGEL, KARL A.: Die Orientalische Despotie. Köln 1962

WLADIMIRZOW, BORIS JA.: Die Gesellschaftsordnung der Mongolen. Leningrad 1934 (russ.)

Dschingis Khan und seine Zeit

ALINGE, KURT: Mongolische Gesetze. Leipziger Rechtswissenschaftliche Studien. Heft 87. Leipzig 1934

BARTHOLD, WILHELM W.: Turkestan zur Zeit des Mongoleneinfalls. St. Petersburg 1900 (russ.). Neuausgabe in Band 1 der Werke. Moskau 1963 (russ.). Englische Übersetzung: Turkestan down to the Mongol invasion. London 1928
Bildung des Reiches Dschingis Khans. In Band 5 der Werke. Moskau 1968 (russ.)
Dschingis Khan und andere Artikel in der Enzyklopädie des Islam. 4 Bde. Leiden 1913–1924

CHARA-DAVAN, ERENJAN: Dschingis Khan als Feldherr. Belgrad 1941 (russ.)

CHAVANNES, ÉDOUARD: Asiatische Eroberungen der Mongolen und der Tataren. Paris 1844
Inscriptions et pièces de chancellerie chinoises de l'époque mongole. T'oung Pao. Leiden 1904

ERDMANN, FRANZ VON: Temudschin der Unerschütterliche. Leipzig 1862

FRANKE, HERBERT: Beiträge zur Kulturgeschichte Chinas unter der Mongolenherrschaft (Habilitationsschrift). Köln 1949
Geld und Wirtschaft in China unter der Mongolenherrschaft. Leipzig 1949

GREKOW, BORIS D., und JAKUBOWSKIJ, ALEXANDER JU.: Die Goldene Horde und ihr Fall. Moskau 1950 (russ.)

Große Sowjetenzyklopädie: Stichwörter Choresm und Dschingis Khan. 3. Ausgabe. Moskau 1978 (russ.)

GROUSSET, RENÉ: Le Conquérant du monde (Vie de Gengis-khan). Paris 1944

HAENISCH, ERICH: Die letzten Feldzüge Cinggis Hans und sein Tod. Asia Major IX, 3. London 1933

KRAUSE, F. E. A.: Cingis Han. Die Geschichte seines Lebens nach den chinesischen Reichsannalen. Heidelberg 1922

MARTIN, H. DESMOND: The Rise of Chingis Khan and his Conquest of North China. Baltimore 1950

ORLANDI, ENZO (Hg.): Dschingis Khan und seine Zeit. Wiesbaden 1968

PELLIOT, PAUL: Histoire Secrète des Mongols. Journal Asiatique. Paris 1920

PELLIOT, und HAMBIS, LOUIS: Histoire des Campagnes de Gengis Khan. Leiden 1951

POUCHA, PAVEL: Die geheime Geschichte der Mongolen. Prag 1956

RATCHNEVSKY, PAUL: Činggis-Khan. Sein Leben und Wirken. Münchener Ostasiatische Studien Bd. 32. Wiesbaden 1983 (Das Werk enthält detaillierte Hinweise auf die Fachliteratur.)

Rupen, Robert A.: Mongolia in the Sino-Soviet Dispute. The China Quarterly. London November-Dezember 1963

Schastina, N. P.: Das Bild Dschingis Khans in der mittelalterlichen Literatur der Mongolen. Die Tataren-Mongolen in Asien und Europa. Moskau 1970 (russ.)

Vernadsky (Wernadskij), George: The Scope and Contents of Chingis Khan's Yasa. Harvard Journal of Asiatic Studies 1938

Wladimirzow, Boris Ja.: Dschingis Khan. Berlin 1922 (russ.). Englische Übersetzung: The Life of Jinghiz Khan. London 1930

3. Roman, Kolportage, Film

Brent, Peter: Das Weltreich der Mongolen. Bergisch Gladbach 1977

Gmelin, Otto: Dschingiskhan, der Herr der Erde. Jena 1930

Jan (Jantschewetzki) W.: Dschingis-Khan. Frankfurt a. M. 1980
    Batu-Khan. Franfurt a. M. 1980
    Zum letzten Meer. Frankfurt a. M. 1980

Lamb, Harold: Dschingis Khan. Leipzig 1928

Mackenzie, Franklin: Dschingis Khan. Bern 1977

Prawdin, Michael: Tschingis-Chan und sein Erbe. Stuttgart 1938

«Potomok Dschingis Khana» (Dschingis Khans Nachkomme). Unter diesem Titel hat sich der frühe sowjetische Film indirekt mit dem mongolischen Staatsmann beschäftigt: 1920, während des russischen Bürgerkriegs, geht es auch um das Schicksal der Äußeren Mongolei, des historischen Kernlandes der Mongolen, wo antibolschewistische Verbände operierten. Russen und Mongolen kämpfen für den Sieg der Sowjetmacht. Reaktionäre Lamas und Weißgardisten machen, so die Fabel des Films, mit englischen Truppen und kapitalistischen Händlern gemeinsame Sache. Der junge Mongole Ba'ir wird zusammen mit anderen Partisanen zur Exekution geführt. Unterdessen entdeckt ein christlicher Missionar, Spezialist für Altmongolisch, ein außerordentliches Dokument, das Ba'ir (irrtümlich) als direkten Nachkommen Dschingis Khans ausweist. Ba'ir hat die Erschießung überlebt und wird, als Abkömmling des großen Mongolen, von den Engländern zum Chef einer Marionettenregierung gemacht. Der neue Herrscher durchschaut jedoch die Pläne der Imperialisten. «Der Sturm bricht los». Ba'ir führt das Volk zum Sieg der Revolution. (Tatsächlich wurde, mit Hilfe der Roten Armee, am 10. Juli 1921 in der Äußeren Mongolei ein revolutionäres Regime etabliert und im November 1924 die Volksrepublik ausgerufen.) Dieses Meisterwerk des russischen Stummfilms, des Regisseurs Wsewolod Pudowkin (1893–1953) stammt aus dem Jahre 1928. In Deutschland wurde der Film unter dem Titel «Sturm über Asien» gezeigt.

Namenregister

Die kursiv gesetzten Zahlen bezeichnen die Abbildungen

148

Sachregister

Quellennachweis der Abbildungen

Historisches Museum Moskau: 6, 95

Tretjakow-Galerie Moskau: 8, 98

Foto Peter-Volker Dorn: 9, 29, 53, 60, 63 o., 63 u., 76, 106

Aus: Anthropologia, Band IX. Bratislava 1965: 11

Aus: Robert A. Rupen, Mongols of the Twentieth Century, Den Haag 1964: 15, 43, 104, 124

Aus: Walther Heissig, Die Mongolen – Ein Volk sucht seine Geschichte, Düsseldorf 1964: 16, 56, 73, 93, 103, 105, 109, 113

Archiv Neumann-Hoditz: 19 o., 88, 90, 96, 118

Britisches Museum London: 20 u., 87, 100, 101

Aus: René Grousset, Die Steppenvölker, München 1970: 20 o.

Hamburgisches Museum für Völkerkunde: 19 u., 71, 84, 114

Musée Guimet, Paris: 25, 41

Aus: Michael Prawdin, Tschingis-Chan und sein Erbe, Stuttgart 1938: 26

Aus: Owen Lattimore, Nomads and Commissars, New York 1962: 27, 54, 125

Foto Keystone: 12, 33, 78/79

bildarchiv preußischer kulturbesitz, Berlin: 36, 80

Saray-Museum, Istanbul: 38, 74/75

Foto Burda, Offenburg: 47

Bibliothèque Nationale Paris: 50

Foto Harry Hamm, Frankfurter Allgemeine Zeitung: 52, 58, 59, 120

Aus: Alexej Okladnikow, Der Mensch kam aus Sibirien, Wien 1974: 68

Aus: Max Reisch, Straße der Zehntausend, Wien 1962: 83

Foto Ullstein-Haeckel: 86

Mansell Collection, 99

Übersee-Museum Bremen: 110/111

Museo d'Arte Cinese Parma: 122

Kartographie: Claus Carstens nach Atlas Istorii SSSR, Moskau 1955: 66/67

rowohlts bild-monographien

Jeder Band mit etwa 70 Abbildungen, Zeittafel, Bibliographie und Namenregister.

rowohlts bild-monographien

Jeder Band mit etwa 70 Abbildungen, Zeittafel, Bibliographie und Namenregister.

Betrifft: Religion, Pädagogik, Medizin

Religion

Sri Aurobindo
Otto Wolff (121)

Jakob Böhme
Gerhard Wehr (179)

Dietrich Bonhoeffer
Eberhard Bethge (236)

Martin Buber
Gerhard Wehr (147)

Buddha
Maurice Percheron (12)

Franz von Assisi
Ivan Gobry (16)

Ignatius von Loyola
Alain Guillermou (74)

Jesus
David Flusser (140)

Johannes der Evangelist
Johannes Hemleben (194)

Martin Luther
Hanns Lilje (98)

Mohammed
Émile Dermenghem (47)

Moses
André Neher (94)

Thomas Müntzer
Gerhard Wehr (188)

Paulus
Claude Tresmontant (23)

Ramakrischna
Solange Lemaître (60)

Albert Schweitzer
Harald Steffahn (263)

Pierre Teilhard de Chardin
Johannes Hemleben (116)

Thomas von Aquin
M.-D. Chenu (45)

Paul Tillich
Gehard Wehr (274)

Simone Weil
Angelica Krogmann (166)

Pädagogik

Friedrich Fröbel
Helmut Heiland (303)

Johann Heinrich Pestalozzi
Max Liedtke (138)

Medizin

Alfred Adler
Josef Rattner (189)

Sigmund Freud
Octave Mannoni (178)

C. G. Jung
Gerhard Wehr (152)

Paracelsus
Ernst Kaiser (149)

Wilhelm Reich
Bernd. A. Laska (298)

rowohlts bild-monographien

Jeder Band mit etwa 70 Abbildungen, Zeittafel, Bibliographie und Namenregister.

Literatur

rowohlts bild-monographien

Jeder Band mit etwa 70 Abbildungen, Zeittafel, Bibliographie und Namenregister.